中小学班主任工作
指导手册

赵福江 等 著

U0782923

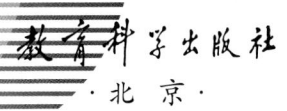

教育科学出版社

·北京·

出 版 人　郑豪杰

责任编辑　闫　景

版式设计　孙欢欢

责任校对　翁婷婷

责任印制　叶小峰

图书在版编目（CIP）数据

新时代中小学班主任工作指导手册/赵福江等著
.—北京：教育科学出版社，2023.7（2023.12 重印）
ISBN 978-7-5191-3525-6

Ⅰ.①新…　Ⅱ.①赵…　Ⅲ.①中小学—班主任工作—
手册　Ⅳ.① G635.16-62

中国国家版本馆 CIP 数据核字（2023）第 133063 号

新时代中小学班主任工作指导手册

XINSHIDAI ZHONG-XIAOXUE BANZHUREN GONGZUO ZHIDAO SHOUCE

出 版 发 行	教育科学出版社			
社　　　址	北京·朝阳区安慧北里安园甲 9 号	邮　　编	100101	
总编室电话	010-64981290	编辑部电话	010-64989395	
出版部电话	010-64989487	市场部电话	010-64989009	
传　　　真	010-64891796	网　　址	http://www.esph.com.cn	
经　　　销	各地新华书店			
制　　　作	高碑店市格律图文设计有限公司			
印　　　刷	河北鹏盛贤印刷有限公司			
开　　　本	720 毫米 ×1020 毫米　1/16	版　　次	2023 年 7 月第 1 版	
印　　　张	15.5	印　　次	2023 年 12 月第 2 次印刷	
字　　　数	196 千	定　　价	58.00 元	

图书出现印装质量问题，本社负责调换。

第一章

新时代中小学班主任的
使命与任务

学校是落实立德树人根本任务的重要阵地，班主任是培养堪当民族复兴大任的时代新人的重要角色，作为新时代班主任，更要全面贯彻党的教育方针，落实立德树人根本任务，在面临新形势、新任务、新问题时，踔厉奋发，勇毅前行，勤于播种，主动实践，勇于变革，为培养德智体美劳全面发展的社会主义建设者和接班人贡献力量。

前　言

　　对于中小学生来说，班级是整个学校的集中代表，班主任是全体教师的形象印记。当我们走出校园、走入社会，再次回想学生时代的美好记忆时，那位班主任、那几个班级同学、那场生动的主题班会、那一次次简单又隆重的班级活动，都会再次浮现在眼前。这，也许就是班集体生活的无声力量，是班主任辛勤工作的不懈动力。

　　习近平总书记在党的十九大报告中庄严宣告："经过长期努力，中国特色社会主义进入了新时代，这是我国发展新的历史方位。"党的二十大报告总结回顾新时代十年的伟大变革，提出以中国式现代化全面推进中华民族伟大复兴。建设教育强国是中华民族伟大复兴的基础工程，新时代的教育工作，面临形势更加复杂、使命任务更加艰巨。一是进一步明确发展方向。党的二十大对于科教兴国的重大战略部署，充分体现了马克思主义中国化时代化的探索与创新，充分彰显和发挥教育的基础性、先导性、全局性地位和作用。二是牢牢把握正确价值导向。习近平总书记在党的二十大报告中指出："教育是国之大计、党之大计。培养什么人、怎样培养人、为谁培养人是教育的根本问题。育人的根本在于立德。全面贯彻党的教育方针，落实立德树人根本任务，培养德智体美劳全面发展的社会主义建设者和接班人。"作为新时代教育工作者，必须坚持用习近平新时代中国特色社会主义思想铸魂育人，落实立德树人根本任务，落实德智体美劳全面发展，建立全员育人、全过程育人、全方位育人体制机制，着力培养担当民族复兴大任的时代新人。三是落实教育强国顶层设计。新时代十年来,以习近平同志为核心的党中央高度重视教育工作,始终把基础教育摆在基础性、先导性和全局性战略地位,对教育改革发展做出了一系列重要论述,为新时代教育发展提供了根本遵循。四是勇于直面复杂教育环境。当前世界百年未有之大变局加速演进,教育领域中的学生学习方式、学生交流相处方式、师生关系等都发生着鲜明变化,中小学生对复杂国际国内形势和周边学习生活方式变化,有着自己的看法与理解,需要中小学班主任予以正确引导。青少年学生所处社会的思想文化环境更加复杂,思想意识多元多样多变,各种价值观念冲突更加激烈。教育和家庭自身也存在新问题新困难,一些学校"重智育轻德育"导向还未扭转,一些家长对于如何开展家庭教育和如何做好学生指导也存在误区。奋进新时代,我们要努力回答好"培养什么人"这个教育的根本问题,加强新时代中小学班主任带班育人能力,打通落实立德树人根本任务的"最后一公里",培养德智体美劳全面发展的社会主义建设者和接班人。

班主任是班级工作的组织者、班集体建设的指导者、中小学生健康成长的引领者,是中小学思想道德教育的骨干,是沟通家长和社区的桥梁。当前,我国1278多万中小学专任教师中有班主任452万[①]。班主任直接承担着教书育人神圣使命。从一定意义上讲,一个教师如果没有班主任经历,其教师生涯是不完整的。班主任是教师队伍中的杰出代表和先锋队,是为人、为学、为事的示范,是给学生埋下真善美种子、引导学生扣好人生第一粒扣子的灵魂工程师。可以说,只有班主任做好学生思想政治工作,做好班级建设、学生指导和沟通协调,才能把学校育人工作、把立德树人根本任务落实到每个班级、每名学生。新时代新征程,培养担当民族复兴大

[①] 根据《2022年全国教育事业发展统计公报》数据估算。

目　录

CONTENTS

任的时代新人、培养德智体美劳全面发展的社会主义建设者和接班人是广大教师的光荣使命，班主任更是责无旁贷。

本书包含三个部分，共分六章。第一、二章为第一部分，主要阐述班主任政策和理论研究，是全书基础。第一章，新时代中小学班主任的使命与任务，是本书的总论，从班主任工作视角解读党的教育方针政策，从班级管理历史沿革和"班主任制"的发展提出班主任的历史使命，紧密结合新时代基础教育发展要求，提出新时代中小学班主任的工作任务。第二章，新时代中小学班主任的专业素养，是本书对班主任专业素养研究的集中阐述，根据课题组近年来关于班主任专业素养的研究，提出新时代中小学班主任专业素养由"基础素养"和"核心素养"两部分构成，并对"基础素养"与"核心素养"各指标进行了理论解读和实践分析。第三章至第五章为本书第二部分，主要是对班主任核心素养的具体解读和实践指导，对核心素养作适当理论分析，辅以优秀班主任实践案例并进行解读，是全书核心。第三章是对"班级建设能力"这一班主任核心素养的专题探讨，主要指导班主任如何树立并形成"班级观"，提出班级建设的基础是分析班情学情、形成共同愿景、确立指导思想，从多个角度介绍新时代中小学班级建设的实践路径。第四章是对"学生指导能力"这一班主任核心素养的专题探讨，主要指导班主任构建符合新时代中小学生实际、符合育人规律、符合家校社共同期待的"学生观"，提出学生指导的多种方式和实践方法。第五章是对"沟通协调能力"这一班主任核心素养的专题探讨，"协同育人"是本章核心，解读新时代加强家校社协同育人的重大意义，从校内、家校、家校社等多个角度提出构建"教师育人共同体""家校育人共同体""家校社育人共同体"的具体实践做法。第六章为本书第三部分，主要从班主任自我成长、学校提供的班主任专业支持等角度对新时代做好班主任工作提出展望。

　　本书在撰写过程中得到了许多专家学者、中小学校长和德育干部、优秀班主任的真诚帮助，和《班主任》杂志的鼎力支持，尤其是一大批优秀班主任扎根班级、以爱育人的生动实践为本书提供了许多鲜活而富指导性的案例，在此表示衷心感谢！由于时间仓促，书中难免有不当或错误，敬请批评指正。

第一节 深刻理解新时代教育工作以立德树人为根本任务

落实立德树人根本任务，让每个孩子都享有公平而有质量的教育，是新时代基础教育发展的主要任务。班主任应着眼于培养德智体美劳全面发展的社会主义建设者和接班人这一崇高使命，理解新时代党对教育工作的部署要求。

一、准确把握新时代科教兴国的战略意义

党的二十大报告首次把教育、科技、人才进行一体化部署，从"实施科教兴国战略，强化现代化建设人才支撑"的高度，对"办好人民满意的教育"作出战略部署，这充分体现了党对教育事业的高度重视和教育在中国式现代化中的重要作用。

首先，要全面理解教育、科技、人才在全面建设社会主义现代化国家中的地位和作用。 全面建设社会主义现代化国家，教育是基础，科技是关键，人才是根本。党的十八大以来，中国特色社会主义进入新时代，党和国家事业取得历史性成就、发生历史性变革，其中教育、科技、人才事业发挥了事关全局的重要作用。我国教育普及水平实现历史性跨越，稳居同期全球中上等收入国家行列，建成世界上规模最大的教育体系。教育、科技、人才事业对如期全面建成小康社会的卓越贡献，已载入实现第一个百年奋斗目标的光辉史册，在全面建设社会主义现代化国家、朝着实现第二

个百年奋斗目标奋进的新征程上，必然需要教育、科技、人才事业继续发挥基础性、战略性支撑作用。

其次，要深刻认识新时代加快建设教育强国、科技强国、人才强国的历史使命。改革开放以来特别是党的十八大以来，我国社会主义现代化建设始终把教育、科技、人才事业置于极为重要的战略地位，深入实施科教兴国战略、人才强国战略、创新驱动发展战略。党的十九大报告确定"在全面建成小康社会的基础上，分两步走在本世纪中叶建成富强民主文明和谐美丽的社会主义现代化强国"目标，相应地对教育强国、科技强国、人才强国建设作出战略部署。党的二十大报告对中国式现代化作出战略安排，明确要在二〇三五年建成教育强国、科技强国、人才强国，同时用"加快建设高质量教育体系""加快建设世界重要人才中心和创新高地"等9个"加快"，为教育、科技、人才工作擘画了清晰路径。[①] 这更加明确了教育、科技、人才优先发展的实践路径，进一步强化了教育在现代化建设中的基础性、先导性和全局性使命作用。

最后，要准确把握坚持教育优先发展、科技自立自强、人才引领驱动的相互关系。新时代我国经济实力、科技实力、综合国力跃上新台阶，在此基础上迈上全面建设社会主义现代化国家新征程，具有多方面优势和条件。党的二十大报告站在推进中国式现代化的战略高度，把科教兴国、人才强国、创新驱动发展"三大战略"独立成章，摆在"全面建设社会主义现代化国家的首要任务"之后的突出位置，彰显教育、科技、人才在应对国际国内复杂形势和支撑社会经济发展中的重要战略性功能，体现了党对教育、科技、人才事业的关心与重视。可以说，推动高质量发展，促进共同富裕，关键靠创新、靠人才，而根本在于教育。教育是提高人民综合素

---

① 何光彩.学懂弄通做实党的二十大精神　为建设教育强国、科技强国、人才强国贡献力量 [N].中国教育报，2022–11–09（5）.

质、促进人的全面发展的重要途径，是民族振兴、社会进步的重要基石，是对中华民族伟大复兴具有决定性意义的事业。

二、全面理解培育和践行社会主义核心价值观的重要意义

党的十八大以来，按照部署要求，中小学校全面贯彻党的教育方针，落实立德树人根本任务，深入开展社会主义核心价值观教育，引导广大中小学生积极践行社会主义核心价值观。

《教育部关于全面深化课程改革　落实立德树人根本任务的意见》《教育部关于培育和践行社会主义核心价值观　进一步加强中小学德育工作的意见》《中小学生守则（2015 年修订）》《教育部　共青团中央　全国少工委关于加强中小学劳动教育的意见》《中小学德育工作指南》《教育部　中共中央宣传部关于加强中小学影视教育的指导意见》《教育部关于进一步加强新时代中小学思政课建设的意见》《教育部等十三部门关于健全学校家庭社会协同育人机制的意见》等文件的出台，将理想信念教育、社会主义核心价值观教育、中华优秀传统文化教育等作为中小学德育重要内容，明确学段衔接的德育目标，细化了德育工作的实施途径和载体。各地中小学校充分挖掘地域历史文化传统，因地制宜开展校园文化建设，将社会主义核心价值观 24 字书写上墙，让学生熟练背诵掌握，并融入校园物质文化、精神文化、制度文化、行为文化之中。加强图书馆建设，提升藏书质量，开展经常性的读书活动。广泛开展以诚实守信、文明礼貌、遵纪守法等为主题的教育活动，并利用升国旗、入党入团入队等仪式和重大纪念日、民族传统节日等契机，开展丰富多彩的主题教育活动，传播主流价值，将社会主义核心价值观细化为贴近学生的具体要求。

可以说，社会主义核心价值观教育不断深化，不断在中小学班主任教育引导下被广大中小学生"内化于心，外化于行"，逐渐形成了社会主义核

心价值观教育体系①。

首先是坚持党的全面领导。社会主义核心价值观的凝练，是以习近平同志为核心的党中央在形成和发展新时代中国特色社会主义过程中所取得的重大理论创新和思想成果，指明了国家建设、社会发展和个人发展的根本价值方向。中小学校社会主义核心价值观教育必须坚持党的全面领导，为中小学社会主义核心价值观教育提供坚强的政治保障。进一步加强各级党委对中小学校社会主义核心价值观教育的领导，充分发挥党委在中小学校开展社会主义核心价值观教育方面管方向、做设计、抓落实的作用，是今后持续推进中小学校社会主义核心价值观教育的强有力保障。

其次是遵循青少年身心发展规律。在中小学校开展社会主义核心价值观教育，关键是要做好融入工作，使社会主义核心价值观的教育目标、内容、方法、手段等，能够与青少年的身心发展特点相适应，反映青少年的价值观学习和价值观养成的规律。将社会主义核心价值观教育的目标和内容学段化、具体化，形成方向一致、前后衔接与贯通的中小学校社会主义核心价值观教育的目标与内容体系，是深入开展中小学校社会主义核心价值观教育的关键。

再次是充分发挥学校的主体作用。开展社会主义核心价值观教育需要有效发挥学校主体作用，教育行政部门、教研部门和高校要做好指导、支持和保障。社会主义核心价值观教育必须结合校情、师情、学情才能够落细落小落实。中小学校要结合本地本校实际做好学校管理制度的设计、制定和完善工作，使教育治理、教育教学、人才培养、督导评价等各方面的政策措施和制度安排都有利于社会主义核心价值观的弘扬，使符合社会主义核心价值观的行为得到鼓励，违背社会主义核心价值观的行为受到制

---

① 石中英.帮助青少年扣好人生第一粒扣子：党的十八大以来中小学校社会主义核心价值观教育成效与重要经验 [J]. 人民教育，2022（Z3）：6–10.

约。将社会主义核心价值观与中华优秀传统文化教育、革命传统教育、时代精神教育，与党史、新中国史、改革开放史、社会主义发展史、中华民族发展史紧密结合，与校园文化建设紧密融合，既注重精神传承、文化传承、历史传承，也注重形式和载体的创新，使社会主义核心价值观融入校园物质文化、精神文化、制度文化、行为文化之中。

最后是提升教师的价值观教育能力。教师是开展中小学校社会主义核心价值观教育的主力军，班主任作为直接参与班级生活、学生成长的重要人物，更是培育践行社会主义核心价值观的关键角色。中小学校可通过培训、经验交流、榜样示范等多种途径，开展社会主义核心价值观教育培训，促进教师深刻理解社会主义核心价值观的理论内涵、行为要求、重大意义，深刻理解开展社会主义核心价值观教育的必要性、重要性和复杂性。要将价值观教育能力培训纳入校本培训计划，重视基于社会主义核心价值观教育案例的学习和研修活动，指导广大教师开展社会主义核心价值观教育的行动研究，为教师价值观教育能力的培养和提升提供条件保障。

三、坚持把立德树人作为教育的根本任务

培养什么人、怎样培养人、为谁培养人是教育的根本问题，事关中国特色社会主义事业后继有人。青少年处于价值观形成和塑造的关键时期，新时代为青少年提供了更优越的物质条件、更丰富的精神生活、更多样的发展选择。但部分中小学生对政治生活不关心、不关注，爱国情感表达缺乏理性思考，对革命传统文化缺少认同，红色基因传承的"代际弱化"逐渐显现；部分中小学生乐于追捧新时尚、新潮流，推崇消费主义和"娱乐至上"的态度表现突出；部分中小学生过度聚焦"小我""自我"，在家在校不主动承担劳动，甚至出现了不珍惜劳动成果、不想劳动、不会劳动的现象，缺乏艰苦奋斗精神；部分中小学生受外部不良影响，存在焦虑、自责、

冲动、敌对等心理，有的心理问题已影响其身体健康。由此来看，我们的教育就是要进一步加强学生思想道德培养，抓好铸魂育人，回答好"培养什么人"这个问题，引导学生树立正确的世界观、人生观、价值观，教会学生有能力、有责任、有爱心，全面发展、学有所长，培养出党和国家需要、对社会有用的人。

首先是要加强党对教育工作的全面领导。党的领导是办好教育的根本保证。要以党的政治建设为统领，全面加强基础教育领域党的建设，坚持和完善党组织领导的校长负责制，明确党管德育，把中小学校建设成为坚持党的领导的坚强阵地。中小学校加强党的领导，最重要、最核心的任务就是在学校层面将全面贯彻党的教育方针落到实处，班主任要在带班育人实践中不断探索和创新班级建设、学生个性化指导、活动设计实施、家校社协同育人等班主任重要工作的方式、方法，切实在班级育人、团队育人中坚持"五育并举"，实施素质教育，促进学生全面发展、健康成长。

其次是要树立"大思政观"，上好"大思政课"。新时代班主任要时刻牢记"为党育人、为国育才"的崇高使命，从学生身心特点和思想实际出发，用习近平新时代中国特色社会主义思想铸魂育人。我们从事的工作是启迪心智、培根铸魂的事业，班级建设、学生指导、沟通协调中处处蕴含价值观教育，这就需要我们树立起"大思政观"，站在"立德"与"树人"的高度把工作往深里走、往实里走、往学生心里走。同时，从当前教育教学实际来看，很多班主任还兼任思政课教学，要推进思政课程和班级育人同向同行，进一步增强思想政治教育的亲和力、针对性、实践性和有效性。2022年11月发布的《教育部关于进一步加强新时代中小学思政课建设的意见》，专门强调要"积极创建富有特色的班级育人文化，将思政课教学与班级管理、班（团）队会、社团活动等有机结合"。班主任在工作实践中要认真贯彻落实。

最后是要"一校一案"构建学校德育工作体系。深入落实《中小学德育工作指南》和中小学思政课建设意见，"一校一案"做好学校德育顶层设计和具体实施方案，扎实推进全员、全过程、全方位育人。组织开展好"学习新思想　做好接班人""从小学党史　永远跟党走""学雷锋学模范""开学第一课"等主题教育活动，促进学生牢记教导、崇尚英雄、争做先锋；充分利用重大节庆日、重要纪念日等开展主题鲜明、内容丰富、形式多样、感染力强的教育活动，加强升旗、入团、入队等仪式教育，不断创新德育活动载体。努力创建积极向上、格调高雅、团结友爱、严肃活泼的校园文化，加强校风教风学风建设，优化校园环境，让"一草一木一砖一石"体现教育引导和熏陶。健全学校家庭社会育人机制，引导家长弘扬中华传统美德，更加重视学生品德教育和良好习惯养成，培养亲密和谐的亲子关系；统筹利用社会资源，强化实践育人；深入开展学生心理健康教育，培养学生健全的人格和积极向上的心理品质。

四、新时代加强中小学班主任工作的现实意义

班主任是中国特色社会主义教育的重要制度安排，是我国中小学校治理体系、治理结构的重要环节。2022年教育发展统计数据显示，全国已有超过452万中小学班主任，占中小学专任教师三分之一强，班主任是骨干教师、优秀教师汇聚的群体。新时代，有必要也必须支持好、培养好这支重要队伍。只有班主任做好学生思想政治工作，做好班集体建设、学生指导、活动设计实施和家校协同，才能把学校育人工作落实到每个班级、每名学生。

一是新时代教育发展的时代呼唤。党的二十大报告提出，教育是国之大计、党之大计。培养什么人、怎样培养人、为谁培养人是教育的根本问题。育人的根本在于立德。全面贯彻党的教育方针，落实立德树人根本任务，培养德智体美劳全面发展的社会主义建设者和接班人。《中小学班主

任工作规定》也指出，班主任是中小学日常思想道德教育和学生管理工作的主要实施者，是中小学生健康成长的引领者，班主任要努力成为中小学生的人生导师。班主任是中小学的重要岗位，从事班主任工作是中小学教师的重要职责。在学校教育中，班主任与学生接触最多，对学生了解最全面，对学生学习状态、品德养成、心理健康、人格塑造产生直接而深远的影响。班主任的工作职责和使命任务决定了班主任是一个肩负着特殊使命的群体，是立德树人的重要依托。长期教育实践证明，做好班主任工作，对于学生思想品德教育、班（团、队）建设、学生指导、家校社协同教育意义重大。

二是教育高质量发展的必然选择。自 2009 年《中小学班主任工作规定》颁布后，各地教育行政部门和中小学校十分重视班主任队伍建设，发挥班主任独特的教育作用，积累了丰富的经验，形成了有效的工作机制。广大中小学班主任兢兢业业、教书育人、无私奉献，做了大量教育和管理工作，为培养德智体美劳全面发展的社会主义建设者和接班人做出重要贡献。然而，随着基础教育高质量发展的不断推进，我们必须看到，班主任工作面临许多新问题、新挑战，这对班主任工作提出了更高要求，需要紧密结合新时代的新形势、新任务，全面梳理分析新时代中小学班主任专业素养，提出专业的班主任支持措施，鼓励中小学教师愿意做班主任，努力做好班主任工作，引导班主任有更多精力了解学生、分析学生学习生活成长情况，以真挚的爱心和科学的方法教育、引导、帮助学生成长进步。

三是新时期学生成长的现实需要。班级是学校开展教育教学工作的基本单位，学校教育的各项工作都与班主任工作有密切联系。班主任既要关心学生的学习状况，开展个性化的学生指导，教育学生明确学习目的、端正学习态度，掌握正确学习方法，养成良好学习习惯，增强创新意识和学习能力；又要进行有效的班级管理，组织好集体教育，保证学校各项教育工作的顺利进行；还要引导学生过好组织生活，开展班（团、队）活动，以及各种主题教育活动、文体活动；更要做好家校协同育人，及时了解每个学生的身体、心理和思想状况，做每一位学生、每一个家庭的陪伴者、引路人。对班主任而言，做好班主任工作和讲好每一堂课一样，都是主业；对学校而言，班主任队伍建设与学校学科教学建设同样重要。

第二节 中小学班主任的历史使命

教师承担着为党育人、为国育才的光荣使命，是落实立德树人根本任务的主体。班主任作为学校全面负责班级工作的优秀教师，是"教育"职责的首要承担者，是"集体教育"的主要实施者，是将立德树人根本任务落实在学生身上的"最后一班岗哨"，对学生全面成长负有第一责任。班主任通过开展以班级管理、集体建设、班级活动组织与实施、学生成长指导和家校协同育人等繁杂的班级教育与管理工作，促进学生全面发展。本节通过梳理班主任制度的发展历史，重新审视班主任在政治、社会、家庭和教师群体中的角色定位，可以更加明确新时代班主任这一角色的重要意义和肩负的责任。

一、班主任制度的建立与发展

（一）我国班级制度的建立与发展

班级是社会发展到一定历史阶段的产物，伴随着班级教学的产生而形成。16世纪，随着工业革命的兴起，欧洲一些国家开始探索以班级的形式开展教学活动。17世纪捷克教育家夸美纽斯为班级授课制奠定了理论和实践基础，他在代表作《大教学论》中首次提出"班级授课制"，他提出了"一个教师同时教很多学生是可能的"假设，并认为"对教师，对学生，这都是一种最有利的制度"。[①]此后，班级制度在欧洲许多国家逐步推广并日

---

① 夸美纽斯. 大教学论 [M]. 傅任敢，译. 北京：人民教育出版社，1984：139.

渐成熟。

19 世纪后期，夸美纽斯的班级授课制通过多种渠道被引入我国。我国最早采用班级授课制的是 1862 年清政府在北京创立的京师同文馆，其首次采用"编班""分级"的教学组织方式。[①] 但班级授课制的正式定型，还是在清政府颁布的《奏定学堂章程》（1904 年）之后。该章程规定，"凡初等小学堂儿童之数，六十人以上一百二十人以下，例置本科正教员一人；其力足添置副教员一人者听"，"正教员任教授学生之功课，且掌所属之职责"[②]。自此，班级授课制在我国以法令的形式确定下来。随后出现了兴办新式学堂的热潮。班级组织逐渐成为全国各地学校普遍采用的教育教学组织形式。

（二）我国班主任制度的建立与发展

班主任制度是班级授课制的产物。辛亥革命后，颁布新学制，仿照日本班级管理体制，设置"班级担任"，作为班级管理的责任教师。这是班主任最初名称。在我国，最早使用"班主任"这一岗位名称是在解放区，绥德专属教育科于 1942 年编制的《小学训导纲要》中首次提到"班主任"岗位，纲要指出"实行教导合一制，必须加强班主任的责任，否则教导主任就忙不过来"。[③]1949 年 7 月颁布的《陕甘宁边区政府关于新区目前国民政府改革的指示》规定："在学校组织上（适用于完小）校长下设教育主任。取消任级导师，班设主任教员。"这里的"主任教员"的职责范围与今天的班主任的职责范围已大体相当，只是名称上存在差异。1952 年 3 月 18 日，

---

① 王桂艳. 德育与班级管理 [M]. 北京：北京师范大学出版社集团，2015：218.
② 璩鑫圭，唐良炎. 学制演变（中国近代教育史资料汇编）[M]. 上海：上海教育出版社，1991：275，301.
③ 陕西师范大学教育研究所. 陕甘宁边区教育资料（教育方针政策部分下）[M]. 北京：教育科学出版社，1981：274.

教育部根据《中国人民政治协商会议共同纲领》文化教育政策及中央人民政府政务院《关于改革学制的决定》，制定并颁发了《小学暂行规程（草案）》和《中学暂行规程（草案）》[①]，其中规定"小学各班采取教师责任制，各设班主任一人"，"中学以班为单位……，每班设班主任一人，由校长就各班教员中选聘"。在政策中明确了班主任的合法性和来源。自此，我国中小学教育普遍实行"班主任制"。

此后，我国班主任制度不断完善。1979 年 11 月，教育部、财政部、原国家劳动总局印发了《关于普通中学和小学班主任津贴试行办法》，首次规定了班主任的选聘标准、工作量、津贴标准和班主任的工作要求。1988年，国家教育委员会印发了《小学班主任工作暂行规定》《中学班主任工作暂行规定》，明确了班主任的地位、作用、基本任务、工作职责、工作原则和方法、条件和任免、待遇和奖励内容，班主任制度得到了进一步完善。1998 年，教育部颁布了《中小学德育工作规程》，规定"中小学校要建立、健全中小学班主任的聘任、培训、考核、评优制度。各级教育行政部门对长期从事班主任工作的教师应当给予奖励"。2006 年 8 月，教育部制定《全国中小学班主任培训计划》，规定"从 2006 年 12 月起，建立中小学班主任岗位培训制度。今后凡担任中小学班主任的教师，在上岗前或上岗后半年时间内均需接受不少于 30 学时的专题培训"。班主任岗位的专业形象得到确立。这标志着我国中小学班主任工作制度在历经多年的发展后基本完善。[②]2006 年，《教育部关于进一步加强中小学班主任工作的意见》，进一步明确班主任工作职责，并就班主任选聘和培训、待遇和奖励制度、合法权益等方面提出更为明确要求。2009 年，教育部印发《中小学班主任工作

---

① 《中国教育年鉴》编辑部.中国教育年鉴（1949—1981）[M].北京：中国大百科全书出版社，1984：728，731，716.

② 王桂艳.德育与班级管理 [M].北京：北京师范大学出版集团，2015：219.

规定》，对班主任工作制度进一步规范和完善，明确了班主任的地位与作用、配备与选聘、职责与任务、待遇与权利、培养与培训、考核与奖惩等。

教师是立教之本、兴教之源。党的十八大以来，党和国家高度重视并十分关心教师队伍建设，弘扬尊师重教的社会风尚。习近平总书记提出，教师要做有理想信念、有道德情操、有扎实学识、有仁爱之心的"四有"好老师；要做学生锤炼品格的引路人，做学生学习知识的引路人，做学生创新思维的引路人，做学生奉献祖国的引路人。这是新时期广大教师的责任所在，更是作为班主任始终应当坚守的担当。

二、中小学班主任的角色定位

（一）班主任是落实立德树人根本任务的关键岗位

党的十八大以来，党和国家始终将立德树人作为教育的中心环节，着力构建方向正确、内容完善、学段衔接、载体丰富、常态开展的德育工作体系。2019 年 6 月，《中共中央　国务院关于深化教育教学改革全面提高义务教育质量的意见》指出"坚持立德树人，着力培养担当民族复兴大任的时代新人"，并提出要"构建德智体美劳全面培养的教育体系，健全立德树人落实机制，着力在坚定理想信念、厚植爱国主义情怀、加强品德修养、增长知识见识、培养奋斗精神、增强综合素质上下功夫"。2019 年 11 月，教育部等七部门印发《关于加强和改进新时代师德师风建设的意见》强调，"把立德树人的成效作为检验学校一切工作的根本标准"。

班主任是在校园生活中与中小学生接触最多的教师，是学校教育工作最基层的组织者和协调者。在普遍要求全体教师努力承担育人工作的情况下，班主任的责任更重、要求更高。"培养德智体美劳全面发展的社会主义建设者和接班人"是学校一切工作的出发点和落脚点，班主任的角色之所以关键，是因为学校的任何教育教学工作都是通过班级这一学校的基本育人单元来实施的，班主任对学生价值观念、思想品德有着最直接和全面的教育影响，班主任的地位和作用是任课教师所不能比拟的。因此，只有通过班主任进行班集体建设，对学生进行适性指导以及沟通与协调各方教育力量等工作，才能将立德树人根本任务落细、落小、落实。

（二）班主任肩负为社会培养人才的责任使命

教育是民族振兴、社会进步的重要基石。在2018年全国教育大会上，习近平总书记深刻指出"教育是国之大计、党之大计"，这是对教育在新时代地位的重要论断。教育所具有的基础性、先导性、全局性地位，对实现中华民族伟大复兴具有决定性意义。实现教育现代化是我国建设社会主义现代化强国战略目标的重要组成部分。党的十九大报告提出"加快教育现代化"的号召。习近平总书记在全国教育大会上指出，教育必须把培养社会主义建设者和接班人作为根本任务，这是教育工作的根本任务，也是教育现代化的方向目标。2018年，《中共中央　国务院关于全面深化新时代教师队伍建设改革的意见》指出，"全面提升国民素质和人力资源质量，加快教育现代化，建设教育强国，办好人民满意的教育"。2019年2月，中共中央、国务院印发《中国教育现代化2035》，部署了加快推进教育现代化的重要举措。2022年4月，教育部印发《义务教育课程方案和课程标准（2022年版）》，指出要培养"有理想、有本领、有担当"的德智体美劳全面发展的社会主义建设者和接班人，需要家庭、学校、社会协同发力，共同做好教育工作。学校作为落实立德树人根本任务的主阵地，需要进一步提高校内育人实效，而加强班级建设、做好班主任工作是其中非常重要的一环。

教育的本质是人才培养，通过促进人的现代化才能够加快教育现代化发展，促进社会政治、经济、文化等方面的繁荣发展。这一目标的实现需要发挥学校育人的主渠道作用，教师担负起人才培养的责任使命。班主任作为实施素质教育的重要力量，肩负着将培养社会主义建设者和接班人的根本任务落地的任务。在个体从家庭走向社会的过程中，班级发挥了衔接家庭和社会的过渡作用。在班级这一共同体中，班主任一方面要引导班级成员建立一种类似私人领域的亲密情感，另一方面也要引导学生通过班级生活学会过一种民主、平等、理性的公共生活，从而实现好孩子、好学生和好公民三重角色的内在统一，为今后的社会生活做好准备。

（三）班主任是家校沟通的桥梁纽带

家校协同育人越来越成为教育领域的热点议题，国家层面为推动家校协同育人出台了一系列政策文件，班主任作为实施家校协同育人的主导力量，责任愈加凸显。2010年，国务院颁布《国家中长期教育改革和发展规划纲要（2010—2020年)》，规定"建设依法办学、自主管理、民主监督、社会参与的现代化学校制度"，还明确指出要"建立中小学家长委员会。引导社区和有关专业人士参与学校管理和监督"。2012年，《教育部关于建立中小学幼儿园家长委员会的指导意见》，提出了"充分认识建立家长委员会的重要意义""明确家长委员会的基本职责""积极推进家长委员会建设"等重要意见。2015年，《教育部关于加强家庭教育工作的指导意见》提出要"充分发挥学校在家庭教育中的重要作用"，"推动家庭、学校、社会密切配合，共同培养德智体美劳全面发展的社会主义建设者和接班人"。2017年，教育部印发《中小学德育工作指南》，强调要"努力形成全员育人、全程育人、全方位育人的德育工作格局"，并提出"坚持协同配合。发挥学校主导作用，引导家庭、社会增强育人责任意识，提高对学生道德发展、成长成人的重视程度和参与度，形成学校、家庭、社会协调一致的育人合力"的基本原则。2023年1月发布的《教育部等十三部门关于健全学校家庭社会协同育人机制的意见》提出，到2035年，形成定位清晰、机制健全、联动紧密、科学高效的学校家庭社会协同育人机制。

学校和家庭是学生最重要的两个生活场域，促进学生健康成长是家庭与学校一致的责任和共同的行动。上述文件多次提到要发挥学校在家校协同育人中的主导作用，这也是班主任的一项主要工作任务。现代化学校制度将学校视为一个开放的组织，学校应加强同家长的沟通协作。班主任作为班级中全面负责任的教师，承担着更多与家长沟通合作的任务，是家校沟通的桥梁和纽带。班主任要以促进学生全面发展为目标同家长达成责任共识，健全班级家长委员会制度，密切同家长的联系，引导家长积极参与学校教育，并提供适切的家庭教育指导，最终形成一种基于平等对话的教育伙伴关系，使家校双方发挥促进学生的健康成长的最大合力。

（四）班主任是教师群体中的骨干力量

班主任群体一直是学校教育的骨干力量，是教师群体中的优秀教师。《教育部关于进一步加强中小学班主任工作的意见》指出"班主任是学校教育第一线的骨干力量，是学校教育工作最基层的组织者和协调者"，并对班主任岗位的任职条件做出要求，"班主任岗位是具有较高素质和人格要求的重要专业性岗位，应由取得教师资格、思想道德素质好、业务水平高、身心健康、乐于奉献的教师担任"，"广大中小学教师要把担任班主任工作作为教书育人应尽的职责，积极主动承担这一光荣任务"。2009 年，教育部印发的《中小学班主任工作规定》指出"班主任是中小学的重要岗位，从事班主任工作是中小学教师的重要职责"，并规定选聘班主任应当在教师任职条件的基础上突出考察"作风正派，心理健康，为人师表；热爱学生，善于与学生、学生家长及其他任课教师沟通；爱岗敬业，具有较强的教育引导和组织管理能力"三方面素质。从政策文件中可以看出，相比任课教师，对班主任的任职条件提出了更高的专业要求，更加突出班主任的专业素养和师德修养，班主任选聘和任职条件的要求越发具体且标准逐渐提高。

　　班主任是教师群体中的骨干力量，"骨干"意味着在总体中起主要作用。班主任是一个专业性岗位，承担着班级管理、班集体建设、班级活动组织、学生指导、沟通协调各方教育力量等工作，相比任课教师，其所需要的个人修养和专业素养更高，岗位准入的要求也相对更高，因此班主任工作必须由教师群体中的优秀教师来承担。班主任是中小学的重要岗位，是推进素质教育的中坚力量，通过班主任进行班级建设才能够将学校的各项工作任务落实。因此，在班级中，班主任以榜样示范引领学生成长；在教师群体中，班主任也应当是广大教师争先学习的优秀榜样。在教师群体队伍的建设中，班主任队伍建设也越来越受到重视。广大教师应努力提高专业素养和师德水平，以承担班主任工作为荣。

（五）班主任是班级中负主要责任的教师

　　班主任是学校中全面负责班级工作的教师，是教育管理学生的第一责任人，其工作直接关系学生健康和谐发展。《教育部关于进一步加强中小学班主任工作的意见》指出："在普遍要求全体教师都要努力承担育人工作的情况下，班主任的责任更重，要求更高。"2009年，《中小学班主任工作规定》指出："班主任是中小学日常思想道德教育和学生管理工作的主要实施者，是中小学生健康成长的引领者，班主任要努力成为中小学生的人生导师。"

　　班级是学校开展教育教学工作的基本单元，班主任是教育职责的首要承担者，是一个班级中负主要责任的教师。班主任在肩负教育教学职责的同时，还对班级和学生行使管理和育人之职，主要包括对学生进行思想政治教育和品德教育、组织和管理班级、建设班集体、关注学生的全面发展、协同任课教师和家长形成育人合力以及学生综合评价等。班主任的工作直接关系学生身心健康成长。与任课教师相比，班主任对学生的影响更加丰富与深远。班主任与学生接触时间最长，最了解学生的个性特点和成长脉络，在班级共同生活中，与学生建立了更加深厚的情感。正因如此，班主任能够在班级管理、促进学生全面发展以及教育沟通协调等方面承担着更全面、更直接、更重要的教育作用。

第三节　新时代中小学班主任的工作任务

强国必先强教，强教必先强师。面向新时代，中小学班主任责任更加重大，使命无上光荣。对标新形势，班主任工作更加复杂、任务更加多元。中小学班主任工作是学校德育中非常重要的构成部分[①]，其教育理念、教育方法、教育策略等都直接影响学生的健康成长，这需要班主任明晰班主任育人工作、班主任工作边界和班主任育人目标，善于规划、富有情怀、理性实施。

一、明确新时代中小学班主任工作的指导思想

2021年5月教育部印发的《中学教育专业师范生教师职业能力标准（试行）》等五个文件，列出了4条班主任能力标准：育德意识、班级管理、心理辅导、家校沟通。对应关于班主任专业素养研究的结论，除去"育德意识"属于班主任基础素养（所有教师的基本素养）外，其余三项职业能力分别对应着班主任的三项核心素养：班级管理对应"班级建设能力"，心理辅导对应"学生指导能力"，家校沟通对应"沟通协调能力"。班主任的三项核心素养互为支撑，相互关联，交织融合——考虑集体建设，同时也在考虑学生指导和家校协同；考虑学生指导时，同时也在考虑集体建设和家校协同；考虑家校协同，同时也在考虑集体建设和学生指导。从哲学视

---

① 郑玉平.新时代做好小学班主任工作的三个策略[J].小学教学研究，2022（35）：94-96.

角看，这三项外显的核心素养的前提和支撑是新时代班主任内隐的指导思想。在新时代中国特色社会主义思想指引下，班主任应明确新时代中小学班主任的指导思想，包括班级观、学生观、协同观。需要注意的是，班级生活是一种"特定的育人场域"，也是"传统教育思想和行为积淀最深，且已达到普遍化和习惯化状态的部分，是学校日常教育实践变革的重点与难点"[①]。为班主任划清工作边界，合理安排相关任务，明确新时代中小学班主任工作的核心内容，有利于班主任在相对合理的教育教学环境中潜心教书、静心育人。

首先，新时代班主任应具备科学的"班级观"。班级观，就是班主任的教育思想在班级建设上的集中反映，它是班主任看待班级并用以指导自己带班实践行为的基本信念。"班集体"一般有两层含义，一层是指班级是一个自然的组织群体，只要是一个班级，必定具备这层含义。另一层是指班级是一个具有很强凝聚力并能包容每个成员个性的集体。在教室这个学生整天生活、学习在一起的空间中，每个学生、每位教师的思想情感、行为表现都在潜移默化地相互影响、彼此渗透，进而形成一个建立在中华文脉基础上的有机统一的文化共同体。学生在学校学习生活过程中，班级首要的形象是集体，是社会组织，是每个学生参与其中并在性格、个性及社会性发展上深受其影响的教育组织。因此，"班级建设能力"是班主任核心素养的基础。班级的功能在于集体的建设与发展，在于个人在集体中的学习、生活和社会化过程。班级的内涵是教育意义上的班集体，体现了个人与集体、自己与他人、公民与社会等的关系。新时代的班集体建设，指向的是如何将班级从一个自然组织群体变成一个集体，并把集体建设成为一个使其中每个学生都能获得勤奋学习、愉快合作、健康成长的团队，使班

---

① 张聪.中小学班主任工作负担：现实表征、深层困局与防范机制 [J].现代教育管理，2022
（9）：46-53.

级成为一个"团队化集体"。新时代的班集体建设，就要培养每个学生作为集体（社会）一员的自觉和责任、学会与他人的协调与合作、对完成集体任务和团队目标的认真负责态度、尊重友善的价值观等。在信息社会，如何适应新技术带来的全方位影响，如何将新技术变为建设班级共同体的推动力量，是当前每一位班主任必须面对的新问题，这就需要班主任具备适应新时代的班级观。新时代的班级观，需要班主任在思维方式和工作方式上，重视发挥学生的自主性和主动性，重视提升学生的信息能力，重视学生之间的沟通合作。

其次，新时代班主任应具备科学的"学生观"。在班主任工作中，班级建设以集体建设为核心，重在形成班集体、建成班级团队，最终目的是使每个学生在集体中获得健康发展和成长。因此，"学生指导"成为班主任核心素养的关键组成。近代教育以来，班级授课制带来的同步授课、统一要求、相同标准等整齐划一的思维方式和方法措施，掩盖了"因材施教"教育原则的重要地位。进入信息社会以来，个性的价值和个体的创造性受到空前重视。在学校中，个性差异及适应个性差异的教育方法受到高度重视，促进每个学生健康成长成为新时代班主任工作的核心目标。在新时代，尊重个性、发展能力以及发挥每个学生的自主性、积极性、主动性和创造精神，从而更好地适应现代社会的发展需求，已被认定是班主任做好教育工作的基本态度和基本技能。新时代的学生观，需要班主任以重视与学生建立良好的师生关系为前提，通过日常语言和行为建立起班主任与每个学生的彼此信任关系，并辅以班集体的良好氛围以及家长的密切配合，为在集体中指导个体提供系统性机制保障。个体指导必须建立在对个体理解的基础上，集体建设也必须在对每个个体及个体之间关系的理解基础上开展。新时代的学生观，要求班主任把每个学生看成独立的个体，平等对待学生——树立平等观；要求班主任用发展的眼光看待成长中的每一个学生，致力于将每个学生的发展与社会经济文化的发展和时代发展和谐统一起来——树立发展观；要求班主任正确理解学生之间的不同特征，认识到每个学生源自其遗传、环境和早期教育积淀所形成的情感、态度、价值观以及学习方式和生活习惯等各方面的差异是一种客观存在——树立差异观。

最后，新时代班主任应具备科学的"协同观"。 在习近平新时代中国特色社会主义思想引领下，我国基础教育正在经历教育体制机制的深刻变革。健全全员育人、全过程育人、全方位育人的体制机制，加强学校教育、家庭教育、社会教育的有机结合，构建各级党政机关、社会团体、企事业单位及街道、社区、家庭共同育人的格局成为新时代教育体制机制改革的重要方向。在协同育人的工作理念指导下，班主任成为发挥学校主导作用，引导家庭、社会增强育人责任意识，提高对学生道德发展、成长成人的重视程度和参与度，形成学校、家庭、社会协调一致的育人合力的核心力量。新时代的协同育人，旨在形成教育合力，实现最佳育人效果。新时代的班主任，需要建立符合新时代协同育人理念的"协同观"，主要表现在：第一，新时代班主任要树立价值统一的育人观念。按照党的教育方针和社会主义办学方向，致力于培养合格的社会主义建设者和接班人，落实立德树人的根本任务，班主任要将实现人的德智体美劳全面发展、综合素养提升和获得终身幸福作为家庭教育、学校教育、社会教育的共同目标与核心价值追求。第二，新时代班主任要树立终身教育的思想观念。虽然班主任带班的时间不过几年，但必须建立整体思维、长线思维，坚持五育并举，在与任课教师、家长、社区等协同育人的过程中，要以学生长远发展和全面发展作为教育的终极目标。第三，新时代班主任要树立差异互补、交叠融合的思想观念。在新时代协同育人中，家庭教育、学校教育、社会教育各自扮演不同的角色——家庭教育注重与生活相融合的养育，强调品德教育和人格教育；社会教育注重多种资源的整合，强调教化的力量；学校教育注重学科教学，强调的是系统知识的传授。家校社融合包含教育组织、内容、方式方法和职能的差异性互补，旨在形成家校社育人合力，对人的成长和发展施加交互叠加影响。第四，新时代班主任要树立构建新型伙伴关系的思想观念。在学生成长过程中，家庭教育、学校教育和社会教育虽然分属三个不同的场域，但不是平面化的并列关系，它们因为有共同作用对象——学生而产生相互联系，其影响也不限于本身的场域之内，而是彼此交互、叠加影响。在协同育人过程中，班主任、任课教师、社团教师、心理教师、家长、社区等承担的责任和发挥的作用展现出新的特征，形成有机、整体、生态、共生共成的新型伙伴关系，也可称为"教育共同体"。

二、新时代中小学班主任的工作职责

班主任在带班育人工作中，应时刻牢记新时代班主任工作职责，坚持党的领导，坚持立德树人根本任务，认真做好学生指导，开展以集体建设为核心的班集体教育，在家校社协同育人中发挥主导作用，不断提升自身专业素养和能力水平，为学生德智体美劳全面发展打下坚实基础。

（一）坚持党对教育工作的全面领导

中小学校加强党的领导，最重要且最核心的任务，就是在学校层面将全面贯彻党的教育方针落到实处，而班主任最核心的任务就是把立德树人根本任务落细落小落实在学生身上。班主任要认真学习习近平新时代中国特色社会主义思想，学习、贯彻党的二十大精神，以此指导教育实践，在理想信念、道德品质、敬业精神和工作作风上做教师队伍的标兵。要引导中小学生树立崇高的理想信念，积极践行社会主义核心价值观，确保社会主义核心价值观在每一所中小学校落地见效。

（二）坚持将立德树人作为教育工作的根本任务

品德修养之于个人成人成才具有根基性作用。习近平总书记指出，人无德不立，育人的根本在于立德。一个人只有明大德、守公德、严私德，其才方能用得其所。班主任是落实立德树人根本任务的关键岗位，是中小学思想道德教育工作的主要实施者，要将立德树人的责任融入思想道德教育、文化知识教育、社会实践教育各环节，体现在平凡、细微之处，为学生打牢思想基础。

班主任要发挥自身在培育和践行社会主义核心价值观方面的基础作用。社会主义核心价值观是当代中国精神的集中体现，既是个人的"德"，也是一种大德，是国家的德、社会的德。班主任要传承和弘扬中华优秀传统文化，将社会主义核心价值观融入教育教学的各方面，转化为学生的情感认同和行为习惯。

班主任要培养德智体美劳全面发展的社会主义建设者和接班人。习近平总书记在全国教育大会上，阐明了培养德智体美劳全面发展的社会主义建设者和接班人这一教育的根本目标，明确了培养社会主义建设者和接班人的重点任务，强调立德树人要在坚定理想信念、厚植爱国主义情怀、加强品德修养、增长知识见识、培养奋斗精神、增强综合素质这六个方面下功夫，为坚持立德树人提供了根本遵循。班主任在日常工作中要着眼于学生的全面发展，通过多种德育途径，铸牢爱国主义根基，促进学生身心、道德、学业、人格的和谐发展，引导学生做德智体美劳全面发展的社会主义建设者和接班人。

班主任要厚植教育情怀。要宽厚仁爱，以师生相互信赖为基础，尊重学生人格，接纳每个学生，允许并尊重学生的差异。要理解学生，学生有自由选择、自主探索、自我教育、自我发展的权利，要理解学生的内在需要，关照学生的合理诉求，通过教育引导，促使其健康成长。要学会关怀，关注学生情感，重视学生心理健康，善于用对话交流的方式向学生传达关怀，让他们学会关怀自己、关怀他人。要宽己达人，做到爱中有严，严中有爱。有些班主任对学生"不敢管、不愿管、不想管"，也有些班主任"不会管、管不好、管出错"，班主任要宽严并用，营造融洽和谐的师生关系。

（三）认真做好学生成长指导

班主任是"教育"职责的首要承担者，作为与学生距离最近、接触时间最长的教师，更要肩负起全心全意做学生锤炼品格、学习知识、创新思维、奉献祖国的引路人的责任。

班主任要充分了解、平等对待班级中的每一名学生，并实施适性指导。这就要求班主任做好学生的"人生导师"，深入分析学生思想、心理、学习、生活状况，及时发现并帮助学生解决成长中的问题，根据学生的个体差异因材施教，积极地为他们的全面发展进行更加细致、有针对性的教育引导，包括价值观教育、个性化指导、身心健康指导等，让每一名学生都能在集体中有所提高和发展。班主任体察学生的内心世界，走进学生的心灵，也是做好班主任工作的重要前提。

班主任要通过榜样示范引领学生成长。对于成长中的学生来说，班主任自身的知识、品德、情感、人格、精神乃至言行举止等就是最好的道德教育资源，对学生成长的作用比其他方式更为直观和深入。班主任要不断加强自身的学识修养和师德修养，用师爱、知识和智慧点亮学生的心灵，引领他们成为具有高尚品德和真才实学的人。班主任要不断凝练教育智慧，注重因势利导，结合学校理念和学生情况，围绕线上线下相结合的教育教学新情境，灵活、鲜活地制定特色化班级发展规划和个性化学生教育计划，要在实践中不断发现教育契机。要重引导、促转化，把要告诉学生的道理变成学生自身真实的体验，把要传授给学生的观念变成学生自己能悟出来的道理，把对学生的要求变成学生自觉的习惯。

（四）开展以集体建设为核心的班集体教育

班主任是集体教育最主要的实施者，努力创建和谐班集体是班主任实施素质教育的中心环节，也是学生个体与集体发展的共同需要。马卡连柯提出的平行教育原则认为，对个体的教育会对集体产生影响，对集体的教育也会对其中每一个体产生影响。班主任只有建设好班集体，才能更好地促进每个学生的成长。正是在集体中，学生形成了群体意识，形成合作、互助、规则意识，促进着学生的社会化发展，可见创建和谐班集体的重要性。因此，面对新时代的新情况，班主任必须把"集体"建设放在基础位置，强调集体的教育意义和价值，突出学生在集体中的交往、合作、共情等社会性发展。

班集体建设的内涵极其丰富。培养每个学生作为集体（社会）一员的自觉和责任，让每个学生学会与他人的协调与合作，帮助每个学生对完成集体任务和团队目标形成认真负责的态度，学生的尊重、友善的价值观等教育内容，以及组织家长和社区围绕班级活动建立协同机制等，都需要通过班集体建设才能落到实处。从班主任日常工作角度看，班情分析、班级规划、班级管理、班级教育、班级活动、家校合作、班级文化等都属于班集体建设的内涵要素。

（五）在家校社协同育人中发挥主导作用

促进学生的健康成长和全面发展是学校、家庭、社会的一致目标，班主任为达成共同的育人目标，协同任课教师、家长和社会的教育力量，才能更好地发挥协调一致的育人合力。班主任要积极发挥自身在协同育人中的主导作用。

班主任要协同任课教师育人。在全员育人的背景下，班主任需要组织协调任课教师共同参与学生教育与管理，建立一种合作型教师团队，更有利于育人目标的实现。为此，班主任需要经常同任课教师沟通，实现资源共享，建立教师育人共同体。

班主任要协同家长育人。班主任作为家校沟通的桥梁，家校合作是其日常工作的一项重要内容。一方面，班主任要经常与家长进行沟通，鼓励引导家长参与学校教育，如担任家委会成员、参与学校志愿活动、担任联合教育者等；另一方面，班主任要为家长提供家庭教育指导服务，如通过开展家长学校、家访等活动指导家长掌握科学的家庭教育理念和方法。

班主任要协同社会育人。班主任要利用好社区及社会的教育资源，如引导家长参加社区家长学校，学习家庭教育知识；引导学生参加社区的教育活动；组织学生参观校外教育机构，如少年宫、图书馆、博物馆等；引导学生担任社会活动志愿者等。

第二章

新时代中小学班主任的专业素养

新时代中小学班主任的专业素养是指在新时代背景下班主任应具备的、能够落实立德树人根本任务和完成教育教学工作的必备素质与关键能力，既包含了班主任作为一名合格教师应具备的教书育人的基本能力和基础品质，也包含了班主任作为"中小学日常思想道德教育和学生管理工作的主要实施者""中小学生健康成长的引领者""中小学生的人生导师"这些特殊角色为履行重要职责所应具备的专业知识和专门能力。

新时代中小学班主任专业素养由"基础素养"和"核心素养"两部分构成。基础素养是班主任作为合格教师应具备的基本素养，包括为人师表、教育责任感、关爱学生、教育教学、专业发展五个方面的素质和能力；核心素养是班主任作为教师中的特殊岗位应具备的关键素养，包括班级建设、学生指导、沟通协调三个方面的素质和能力。班主任的基础素养，是中小学教师教育工作的逻辑起点，是班主任开展工作的前提和基石；班主任的核心素养，是承担班主任岗位职责的关键能力，是班主任工作深入推进的核心和支柱。

第一节 新时代中小学班主任的基础素养

班主任作为中小学教师队伍的重要组成部分，肩负时代赋予的重大使命，承载培养德智体美劳全面发展的社会主义建设者和接班人的时代重任。在新发展阶段，班主任要做到教书和育人相统一、言传和身教相统一、潜心问道和关注社会相统一、学术自由和学术规范相统一，需要先具备成为一名合格教师的底层要求，也就是班主任的基础素养。

一、新时代中小学班主任基础素养的定位

班主任的基本角色是人民教师。班主任的基础素养是指从事班主任工作所应具备的最起码的能力，是担任班主任岗位的基本条件，也是班主任作为合格教师所必需的能力。推动班主任队伍建设创新，要先夯实班主任的基础素养。

对于班主任基础素养之"基础"的内涵认识，可以从底线、根基、前提三方面来理解。第一，基础就是底线。班主任作为中小学教师队伍的中坚力量，需要首先达到从事教师职业的最低目标和基本要求，即为底线。这一底线是班主任必须遵守不可触碰的红线，是规范教师职业行为的依据。第二，基础就是根基。要想当好一名班主任，需要具有一些必备的能力和素质。班主任的基础素养是从事班主任工作的根本和起点，具有奠基性和根源性地位。班主任务必打牢基础素养，使之成为开展班主任工作的基石和砥柱。第三，基础就是向上发展的前提。具备了基础素养，就具备

了成为一名合格教师的条件，也就具有了成为一名优秀班主任的前提。在此基础上进一步努力钻研，把立德树人融入思想道德教育、文化知识教育、社会实践教育等，不断提升班主任的核心素养，推动高水平班主任队伍建设创新，才能更好地肩负起为党育人、为国育才的时代重任。

二、新时代中小学班主任基础素养的构成

习近平总书记指出，老师应该有言为士则、行为世范的自觉，不断提高自身道德修养，以模范行为影响和带动学生，做学生为学、为事、为人的大先生，成为被社会尊重的楷模，成为世人效法的榜样。新时代中小学班主任的基础素养，包括为人师表、教育责任感、关爱学生、教育教学、专业发展五个方面的素质和能力。广大班主任应在基础素养上下功夫。

（一）为人师表

为人师表，指在道德和行为方面成为人们学习的榜样和典范。作为班主任的基础素养之一，为人师表主要是指班主任应成为学生品德和学问等方面的榜样，用实际行动为学生做出表率。《中华人民共和国教师法》明确规定教师需要履行的义务之一，即"遵守宪法、法律和职业道德，为人师表"。《中华人民共和国义务教育法》第二十八条提出，"教师享有法律规定的权利，履行法律规定的义务，应当为人师表，忠诚于人民的教育事业"。《教育部关于进一步加强和改进师德建设的意见》指出，"自觉加强师德修养，模范遵守职业道德规范，以身作则，言传身教，为人师表"。教师要规范自己的言行举止，以自己的"言"为学生之师，"行"为学生之范，言传身教，导之以行，成为学生品德言行的榜样。

"为人师表"是班主任的基础素养，包括爱党爱国、遵纪守法、品行端正、以身作则四个关键要点。

1. 爱党爱国

爱党爱国是指班主任要热爱祖国，热爱中国共产党，贯彻党和国家教育方针政策。新时代中小学班主任要忠于祖国，奉献祖国，树立正确的历史观、民族观、国家观、文化观，坚定中国特色社会主义道路自信、理论自信、制度自信、文化自信，要深化对中华优秀传统文化和革命文化、社会主义先进文化的思想认识，弘扬爱国主义精神。

在教育教学实践中，爱党爱国的具体表现为贯彻党的教育方针、承担教育责任使命、发挥模范带头作用、践行社会主义核心价值观。为夯实这一基础素养，新时代中小学班主任要从加强新时代中国特色社会主义思想理论、中华历史文明、中华优秀传统文化、革命文化和社会主义文化学习、"四史"学习等方面加强自身修养。

2. 遵纪守法

遵纪守法是指班主任要自觉遵守国家法律，遵守教育法规。遵纪守法是每个公民应尽的义务，是建设新时代中国特色社会主义的基石。强化新时代中小学班主任队伍遵纪守法意识，既是践行，更是示范，对推进依法治国的基本方略意义重大。新时代中小学班主任要恪守宪法原则，遵守法律法规，依法履行教师职责；不得损害国家利益、社会公共利益，或违背社会公序良俗。

在教育教学实践中，遵纪守法的具体表现为知法懂法、依法执教、恪守行为准则。为形成这一基础素养，新时代中小学班主任要从增强法纪意识、正确处理好集体与个人的关系、遵守校规校纪等方面加强自身修养。

3. 品行端正

品行端正是指班主任人品好，行为举止合乎规范。2019年教育部等七部门印发的《关于加强和改进新时代师德师风建设的意见》指出："把师德师风作为评价教师队伍素质的第一标准，将社会主义核心价值观贯穿师德师风建设全过程。"班主任在育人过程中应秉持严于律己的准则，严格要求自己，勤于自省，不断提高师德水平。

在教育教学实践中，品行端正的具体表现为举止文明、作风正派、公平诚信、廉洁自律。为形成这一基础素养，新时代中小学班主任要从自重自爱、严于律己、勤于自省等方面加强自身修养。

4. 以身作则

以身作则是指班主任用自己的行动为学生做出榜样。教师职业的最大特点在于其一言一行都影响着学生的人生观、世界观和价值观，"以身作则"成为我国几千年教育发展历史中教师的基本规范。《中小学教师职业道德规范》中明确规定，教师要"坚守高尚情操，知荣明耻，严于律己，以身作则"。教育部《新时代中小学教师职业行为十项准则》中也规定教师要"为人师表，以身作则"。

在教育教学实践中，新时代中小学班主任能够在思想上、作风上、工作上、学习上做到以身作则。第一，班主任能够在思想上以身作则。要始终牢记自己培养社会主义事业建设者和接班人的崇高使命，拥护中国共产党的领导，贯彻党的教育方针，热爱党的教育事业，要树立信仰意识、宗旨意识、自省意识和敬畏意识。班主任肩负立德树人的重要任务，要培养德智体美劳全面发展的社会主义建设者和接班人，只有自己不断坚定政治方向，才能起到有效的引路作用，成为学生理想信念教育的一盏导航明灯，做学生树立正确人生观、世界观、价值观的引路人。第二，班主任能够在作风上以身作则。班主任要作风正派，在学生中间树立威信，以积极、正面的形象影响学生。班主任面对的是正在成长中的青少年，他们崇尚榜样并易于接受外界榜样的影响，学生的"向师性"特点决定了教师的一言一行、一举一动都会对学生发展有着潜移默化的深远影响。因此无论在任何场合，班主任都应时刻不忘自己的教师身份，都要切实做到举止文明、作风端正、表里如一、言行一致。第三，班主任能够在工作上以身作则。班主任是新时代落实立德树人根本任务的核心主体，要能够在工作中严格要求自己，以认真负责的态度对待工作中的每一件小事。让学生看到班主任一丝不苟对待工作的态度，看到班主任经常总结复盘、思考审视、查找不足的反思意识，看到班主任发现错误及时更改、发现失误及时弥补、发现毛病及时纠正、发现差距及时跟进的自我完善和自我提高的能力，给学生做好示范。第四，班主任能够在学习上以身作则。新时代中小学班主任督促学生认真努力学习的前提，是自己能够做到具有终身学习的意识和能力。新时代班主任要经常"充电"，不断更新知识结构，使自己具备扎实的教育学和心理学基础、精深的专业学科素养、广博的文化视野以及熟练的技术应用手段。

为形成以身作则这一基础素养，新时代中小学班主任要从谨言慎行、躬亲共做、慎独慎微等方面加强自身修养。第一，谨言慎行。班主任要用自己的言语引导学生，用自己的行动来说明什么不可以做，所以说话做事时一定要考虑后果，也就是注重自身言行对于学生的影响。第二，躬亲共做。凡是要求学生做到的，班主任一定要自己先做到；凡是要求学生不能做的，自己也坚决不能做。班主任要时时事事言传身教、做好表率，用自己的实际行动影响学生、教育学生。第三，慎独慎微。班主任要具备持之以恒的修身精神，加强师德修养，做到慎独慎微，时时处处以高标准严格要求自己。"慎独"，即自觉严于律己，按照一定的道德规范行动，不做任何有违师德和法律的事情；"慎微"，即重视和处理细小的事情，正确识"小"，管得住"小"，自纠"恶小"，勤为善"小"，在持之以恒中日臻完善。

（二）教育责任感

教育责任感是指班主任应具有教育使命感和教育理想，对教育有思考和追求，对学生发展有高度责任感，尽心尽力对待教育工作，体现作为人民教师的职业道德规范。教书育人是班主任的职责所在，强烈的教育责任感是班主任做好本职工作的前提。班主任对学生的成长起着主导作用，只有具有强烈的教育责任感，对自身的教育工作负责，对学生负责，对学校负责，才能引领学生德智体美劳全面发展，培养社会主义建设者和接班人。

"教育责任感"是班主任的基础素养，包括热爱教育事业、拥有教育理想两个关键要点。

1. 热爱教育事业

热爱教育事业是指班主任要具有以教育为己任的使命感，忠于教育事业，爱岗敬业，乐于奉献。教育大计，教师为本。班主任责无旁贷成为落实立德树人根本任务的责任主体和实施主体。《中华人民共和国义务教育法》规定："教师享有法律规定的权利，履行法律规定的义务，应当为人师表，忠诚于人民的教育事业。"班主任的工作是神圣的，也是艰苦的，需要情感、时间、精力乃至全部心血的付出，这种付出需要以强烈的使命感为基础，以对教育事业的无限热爱为前提。

在教育教学实践中，热爱教育事业的具体表现为爱岗敬业、尽职尽责、乐于奉献。第一，班主任能够做到爱岗敬业。热爱教育事业，最为直接的表现就是班主任要喜欢当老师，爱校爱生，喜欢跟孩子在一起。班主任对自己所从事的教育工作，有充分的、情感上的接纳和认可。第二，尽职尽责。热爱教育事业的又一个表现是班主任愿意为教育事业全情投入，能够对自己所承担的教育工作尽力负起责任，把作为班主任的分内工作做完做好，兢兢业业，恪尽职守，尽心尽力，对学生负责，对自己的教育行为负责。第三，班主任能够做到乐于奉献。自古以来，教师就是默默付出、心甘情愿、不图回报、无私奉献的典范。龚自珍的"落红不是无情物，化作春泥更护花"，李商隐的"春蚕到死丝方尽，蜡炬成灰泪始干"，都用来比喻和赞颂教师勤恳奉献的传统美德。班主任是教师职业中工作量最大、琐碎事情最多、工作最为辛苦的群体，也是对学生影响最大的群体。乐于奉献是班主任的必备品格，也是一种主动自愿的实践行为，是对学生、学校、社会、国家发自内心的真诚付出。

为形成热爱教育事业这一基础素养，新时代中小学班主任要从清楚认识教师职业特性、正确理解工作常态、理性看待职业回报等方面加强自身修养。

第一，清楚认识自己的性格特征和教师的职业特性。班主任要深刻认识教师工作的重要意义，了解自己的性格优势，清楚自己是否适合教师这一职业。第二，正确认识班主任工作的特殊性。班主任是落实立德树人的关键岗位，比一般学科教师的育人责任更大、任务更重，对学生的教育也绝不仅仅局限于课堂教学和课后辅导，而是贯穿于学生学习生活的全部。第三，理性看待教师职业的回报。班主任不仅付出体力劳动和脑力劳动，更要付出情感。一方面，班主任要明白自己对学生的关心、爱心、耐心是发自内心的情感投入，不是能用金钱来衡量的。另一方面，班主任更要清醒认识到，教师本身就不是一个能"赚大钱"的职业，这一职业所追求的不是个人利益最大化，而是学生健康成长和自身修养提升。第四，体会教育事业所带来的幸福感、满足感和成就感。热爱教育事业，表现为"愿意"当班主任、"喜欢"当班主任，"想要"当班主任，从与孩子们的真诚交往中获得幸福感，从学生的进步和成长中获得成就感，从家长和社会的认可与尊重中获得满足感。所以，即使教师这一职业难以获得丰厚物质报酬，却会收获丰硕精神财富。

2. 拥有教育理想

拥有教育理想是指班主任对教育的目的和价值有自己的理解与追求。班主任要以培养出社会主义事业建设者和接班人，为祖国建设添砖加瓦，为民族复兴铺路架桥为己任，要做学生锤炼品格的引路人，做学生学习知识的引路人，做学生创新思维的引路人，做学生奉献祖国的引路人。

在教育教学实践中，拥有教育理想的具体表现为承担教育使命、确立专业方向、专心勤勉敬业。为形成这一基础素养，新时代中小学班主任要从专心、勤奋、进取等几个方面加强自身修养。第一，专心。班主任的育人使命重大，要专心致力于教书育人这一件事，内心无杂念、不旁骛，一点儿也不向别处分心。要有牢固而稳定的职业定力，要忠于职守，力求干一行、爱一行、专注一行。第二，勤奋。班主任要有深入钻研教育教学工作的学习态度和意志，要认认真真、踏踏实实，要努力做好当下的每一件"小事"，要不怕吃苦，不怕困难，要肯花时间，肯下功夫，勤奋努力，坚持不懈。第三，进取。班主任要有努力上进、精益求精的专业追求。不满足于上完当天的课、带完当天的班，而要具备积极旺盛的进取意识和蓬勃向上的心理状态，不断给自己设定更高的专业目标。

（三）关爱学生

关爱学生是指班主任对学生的全面了解、理解、爱护和尊重，是师德的底层要求。孔子主张教师对学生要"仁爱"，提出"学而不厌，诲人不倦""爱之，能勿劳乎？忠焉，能勿诲乎？"。北宋教育家胡瑗与学生亲如父子、情同手足，"视诸生如其子弟，诸生亦信爱如其父兄"。《中华人民共和国教师法》第八条规定教师应"关心、爱护全体学生，尊重学生人格"。班主任要有热爱学生、诲人不倦的情感，要接纳学生，关心学生，尊重学生，理解学生，信任学生。当学生在学习和生活中遇到困难时，班主任要能够及时给予指导，帮助他们走出困境，解决问题，实现全面发展。

"关爱学生"是班主任的基础素养，包括接纳学生、尊重学生、关心学生、理解学生、信任学生五个关键要点。

1. 接纳学生

接纳学生是关爱学生的前提，是尊重学生的基础。在教育工作中，接纳学生是指接受全部学生，包容学生的缺点与错误，耐心对待学生。有了接纳才有尊重，有了尊重才有信任。在此基础上，班主任才能走入学生的内心世界，准确把握学生的心理状态，才能与学生进行深入沟通，最终收到良好的教育效果。青少年对于教师所表现出的态度十分敏感。班主任的情感无论以何种方式表现出来，他们都能真切且准确地感受到。在这种情况下，班主任能否发自内心地接纳每一个学生就显得至关重要。

在教育教学实践中，接纳学生的具体表现为无条件接受所有学生、理解学生差异、"看到"学生的闪光点。第一，班主任能够做到无条件接受所有学生，从情感上接纳学生，包括他的优点和不足。不论学生的性格特征、学业成绩、行为习惯如何，班主任都要没有任何条件地接受、承认学生，都要不带任何附加条件地对学生付出关爱、投入精力、施予教育、加以引导，让学生在班主任这里能够找到归属感。切不可由于学生学习成绩的好坏、行为举止的对错、家庭条件的优劣等轻视、忽视、漠视甚至歧视学生。被无条件接纳的学生，即便是在进步缓慢或犯错误的时候也会觉得自己被别人需要，自己有价值。这种被接纳的需求被满足，有助于培养他们的自尊感和承受力。第二，班主任能够做到理解学生差异。班主任能够从思想上深刻认识到学生天生是不同的，这是教育工作的客观事实。班主任要能看到不同学生的个性特征，发现不同学生的内在潜能。对于这种差异的认识，不是优劣之分，而是角度之别。比如有的学生性格外向活泼，长于表达展示；有的学生内敛沉静，长于思考内省。这就需要班主任具备正确的评价观，才能真正做到尊重学生差异。第三，班主任能够"看到"学生的闪光点。每个学生都有其自身的价值，这就意味着班主任必须具备敏锐的观察力和感知力，能够觉察、捕捉、赞赏、彰显每个学生的闪光点，让学生内在的隐性优点得以显性化。班主任的认可能够给学生以自信和力量，有助于帮助学生发现自己的潜能，认识到自己具有的独特价值。

为形成接纳学生这一基础素养，新时代中小学班主任要从树立以人为本的学生观、包容学生的"不成熟"、给学生成长的"时间"等方面加强自身修养。第一，树立以人为本的学生观。学生是发展的人，学生的身心发展是有规律的，具有顺序性、阶段性、不平衡性、互补性、个别差异性。

学生是处于发展过程中的人，教育要满足学生发展的需要。学生是具有独立意义的人，每个学生都是独立的个体，教师要尊重学生的想法，调动学生的主观能动性。第二，包容学生的"不成熟"。基于对不同年龄段学生的生理和心理发展特点的熟识，班主任能够理解学生在思想、行为上所表现出的诸如焦虑烦躁、同学矛盾、顶撞家长等各种"不成熟"，皆是由于生理和心理因素所致。因此班主任更要因势利导、顺势而为，运用恰当方式加以引导，切不可生硬施教。第三，给学生成长的"时间"。接纳学生意味着班主任要给学生足够的耐心，让学生慢慢长大。当学生犯错误时，要留出时间让学生想想自己的问题出在哪，而不是直接批评；当学生不会解决时，要留出时间让学生认真思考，而不是直接告诉学生答案。

2. 尊重学生

尊重意为尊敬、重视，古语是指将对方视为比自己地位高而必须重视的态度和举止，现引申为平等相对待的心态及言行。尊重学生是指班主任要平等对待每个学生，尊重每个学生的人格。《中华人民共和国义务教育法》第二十九条规定："教师在教育教学中应当平等对待学生，关注学生的个体差异，因材施教，促进学生的充分发展。教师应当尊重学生的人格，不得歧视学生，不得对学生实施体罚、变相体罚或者其他侮辱人格尊严的行为，不得侵犯学生合法权益。"苏霍姆林斯基指出，教育的核心，就其本质来说，就在于让学生始终体验到自己的尊严感。在影响学生内心世界时，不应挫伤他们心灵中最敏感的一个角落——自尊心。尊重学生是师生间信任关系的基础，是调节教师与学生关系的基本行为准则。

在教育教学实践中，尊重学生的具体表现为尊重学生人格、平等对待学生、恰当惩戒学生。第一，班主任能够做到尊重学生人格。班主任要能够把学生当作一个有思想、有看法、有需求、有情感的独立的人来看待，正视他的存在，看到他的努力，赞赏他的成就，维护他的权利。当学生将心里话告诉班主任时，要注意尊重学生隐私，不要轻易外传。第二，班主任能够做到平等对待每个学生。孔子说"有教无类"，在正确认识学生差异的基础上，教师要对所有学生一视同仁，公平公正。在同一个班级里，班主任能够明显看出学生之间的差异，这时就要特别注意，班主任对班级每个学生的情感投入应该是均衡的，切不可因为学习成绩、行为习惯的好坏而出现"偏爱"或是"厌恶"的情感，更不能对不同的学生给予不平等待遇，否则会因为个人好恶而伤害大多数学生的自尊心，甚至引发班级问题，同时也会降低班主任在学生心目中的形象和威信。第三，班主任能够做到恰当惩戒学生。当学生犯错误时，班主任要运用正确方式实施教育惩戒。《中华人民共和国未成年人保护法》第二十七条规定："应当尊重未成年人人格尊严，不得对未成年人实施体罚、变相体罚或者其他侮辱人格尊严的行为。"教育家陶行知说"你的教鞭下有瓦特，你的冷眼里有牛顿，你的讥笑中有爱迪生"，意在告诫教育工作者要尊重学生，做到严而有礼，用正确的方式引导和教育学生。

为形成"尊重学生"这一基础素养，新时代中小学班主任要从重视学生、认可学生、以恰当方式处理问题等方面加强自身修养。第一，重视学生。班主任要给予学生足够的关注，不同的学生被关注的点可能不同。让学生感觉到自己被重视，自己是重要的，感到他们参与班级和学校活动是有价值的，能够对学校、对班级荣誉产生一定的影响，感到他们所做的努力是必要的、被欣赏的，使他们逐渐形成一定自尊感。第二，认可学生。班主任的认可与肯定，是学生非常渴望的情感支持。不论基础如何，每个学生的心中其实都有成才的渴望，都有上进心。因此班主任要仔细观察学生在校生活的点点滴滴，发现优点要及时肯定，用鼓励唤醒他们心中渴望进步的种子，激活他们心中对美好事物的向往。第三，以恰当方式处理问题。当学生犯错误或出现不良言行时，班主任要选择恰当的时间、场合和方式，艺术地处理学生问题，切不可伤害他们的自尊心。对于上课时出现的问题尽可能放在课后解决，对于大众场合发生的问题尽可能和学生单独谈话。给学生"留面子"，让学生感受到被尊重。谅解式的问题处理方式往往能收到很好的教育效果。

3. 关心学生

关心学生是指关心爱护全体学生，关心每个学生的道德品质、身心健康及其他各个方面的发展状况。班主任对学生的爱是一种发自内心的爱，要对学生倾注足够的热情，要用心与学生进行情感的交流，做学生的知心朋友。学生的内心非常敏感，他们能够通过老师对自己的态度来判断老师是否真心爱自己。"罗森塔尔效应"指出，只要教师真心爱学生，并让他们感受到这种爱，他们就能以极大的努力向着教师所期望的方向发展。"亲其师，信其道"，班主任只有真心诚意地关心学生，学生才能真切地感受到来自老师的爱，才能信任老师，并自觉自愿地按照老师的要求和期待去学习和成长。

在教育教学实践中，关心学生的具体表现为关心学生的方方面面、关注学生的细微变化、化解学生的忧虑困惑。第一，班主任能够做到关心学生成长的方方面面。不仅要关注学生的学习、纪律、卫生、行为习惯等，而且要关心学生的品德发展、身心健康、人际交往、审美素养、劳动意识等各方面发展。第二，班主任能够做到关注学生的细微变化。要做学生的良师益友，多倾听学生的想法，及时捕捉学生的细微变化和点滴进步。要分担他们的痛苦和忧伤，分享他们的快乐和幸福。第三，班主任能够做到化解学生的忧虑困惑。要在认知发展上给予学生支持，在情感上给予学生关怀。当学生遇到困难时，班主任要及时给予温暖和帮助，耐心为他们解决问题。

为形成关心学生这一基础素养，新时代中小学班主任要从耐心倾听、留意观察、重视非语言交流等方面加强自身修养。首先，耐心倾听。倾听学生是班主任关心学生的主要途径之一，它不仅是简单地用耳朵来听学生说话，更需要班主任全身心地去感受学生说话过程中表达出的言语信息和非言语信息。班主任要认真倾听学生的倾诉、提问、回答甚至怀疑，从而比较全面地了解学生的性格特点、情感态度和思维能力，了解学生当前所处的境况，以及需要教师所给予的帮助。其次，留意观察。班主任要留心学生在校生活的点点滴滴，通过课堂教学、课后作业、集体活动、同学交往等不同途径注意学生的各方面情况。特别是对学生身体状况、情绪状态上的反常，班主任要极其敏锐，细腻观察，并做到及时与学生交流，给学生以安慰、鼓励和指导，并保持与家长的密切沟通。最后，重视非语言交流。关心不一定要讲很多话。班主任对学生的关心不只是通过语言内容来表达，更多的是借助表情、动作、语气、语调来传递。比如一个微笑、一个眼神、摸摸头、拍拍肩膀，都能够让学生感受到来自班主任的情感支持。

4. 理解学生

理解学生是指班主任要理解学生的心理特点、年龄特征、群体文化，以及学生个体成长中的经历。理解学生是建立师生信任关系的基础。班主任通过各种方式深入了解学生的生活背景、个性特征、成长经历和内在情感，让学生感受到被接纳、被认同，从而提高对班主任的信赖度。同时，班主任还要以教育学和心理学为理论基础，深入学习和认识不同年龄段学生的认知、性格、交往以及常见问题，为采取恰当的教育方式和教育措施奠定理论基础。

在教育教学实践中，理解学生的具体表现为既要懂得学生的成长规律，又要理解学生的群体文化。一方面，班主任要能够懂得学生的成长发展规律。新时代中小学班主任要熟悉各年段学生的生理和心理发展特点，尊重学生的成长规律，懂得学生的成长需求，从而为不同年龄学生提供有针对性的指导和帮助。另一方面，班主任要能够理解学生的群体文化。学生文化属于学校次级文化，是指某些学生群体所具有的价值取向、集体气氛、人际关系、行为特点等构成的生活方式，形成原因除了学生自身外，与社会环境、家庭、学校和同辈群体的影响有关。学生文化是学生群体从儿童世界过渡到成人世界的阶段性产物，对学生的社会化产生着极其重要的影响。班主任要正确了解和对待学生群体文化，不能一味忽视或否定。比如有的学生群体关注社会发展，具有主人翁意识，有建设家乡的社会责任感。这就是一种值得提倡的学生群体文化。新时代中小学班主任必须增强自身的时代敏感性，及时、恰当地调整教育方式，与学生一起积极建设群体文化，引导学生文化沿着社会发展的要求和主流文化所代表的先进文化方向健康发展。

为形成"理解学生"这一基础素养，新时代中小学班主任要从了解学生、密切交往、换位思考等方面加强自身修养。第一，了解学生。班主任可以从学生档案中了解学生成长经历，从其他学生的反映中了解学生之间的关系，从家访中了解学生的生活背景。更重要的是，班主任要从学生在校的学习生活的行为表现中理解学生的道德品行、学习习惯、情感态度，这是最直接、最生动的学生生活纪实，是最有价值的第一手资料。第二，密切交往。班主任要与学生保持较高的交往频率，包括课堂教学和班级管理中的正式交往，也包括课下聊天、参与活动中的侧面观察；及时倾听学生声音，真诚平等地交流，了解他们的内心世界；还要长期追踪观察，在学生的不断发展中把握其成长的状态。第三，换位思考。班主任要理解学生，就必须学会换位思考，学会用同理心看待学生。碰到具体问题时，班主任要将心比心，站在学生的角度思考问题，理解学生所处的情境，设身处地为学生提供恰当的指导。

5. 信任学生

信任学生是建立良好师生关系的基础。信任，意味信赖、不怀疑。信任学生是指班主任要抱有一种信念，即相信学生都想变得更好，都想努力学习，都想把最好的一面呈现出来，都渴望得到老师和同学的尊重的信念。只有抱有这种信念的班主任，即相信这是一些本质很好的学生，只要给予恰当的引导和教育，就能够帮助他们得到更好的成长和发展，才能成为好的教育者。

在教育教学实践中，信任学生的具体表现为相信学生的向善心、相信学生的潜能、将信任传递给学生。第一，相信每个学生都有向善心和上进心。相信学生都希望成为"好人"，都有一颗向往美好事物的心，即使他们有这样那样的缺点，也是可以教育好的。同时，还要坚信每一个学生都是要求上进的，都是希望能够在学业和各方面取得更大进步的。只有有了这种信念，才能做好教育工作。即便学生犯了错误，班主任也要相信跟学生的人品、道德、本质无关，而是行为习惯、家庭环境等方面的因素造成的。因此班主任要给予更多的理解和帮助，耐心引导学生，帮助学生改变认知和行为。第二，相信每个学生都有好的素质和潜能。每个学生都有自己的爱好和长处，都有自己的先天素质和倾向。班主任必须发展这些东西，必须创造条件使这些学生能最充分地发展这些长处，每个教师都应该有这种信心。班主任要意识到，每一个学生身上都蕴藏着某些尚未萌芽的素质。这些素质就像火花，要通过教育点燃它，要善于挖掘学生身上好的素质，让其天赋和才能得以充分发挥。第三，把教师对学生的信任传递给学生。班主任要相信学生，还要让学生自己相信自己。教育者在态度上表现出来的信任感是激发青少年上进的巨大精神力量，有助于他们自觉地克服缺点，进行自我教育。因此，班主任要适当给学生分配任务和职责，要让学生感觉到自己有能力承担责任，有能力把事情做好。班主任的信任能够让学生建立起学好功课、做好事情的信心和勇气，即便遇到困难也愿意接受挑战，有助于增强学生的自信心和意志力。

为形成"信任学生"这一基础素养，新时代中小学班主任要以差异的标准、包容的心态、发展的眼光看待学生，不断加强自身修养。

首先，以差异的标准审视"具体的学生"。从孔子倡导因材施教开始，我国传统教育便有了统一性与个别化相结合的原则。学生在班主任心中必须是一个个具体的人，而不是"抽象的学生"。即使是同一个班级中的学生，面对同样的情况时也会有不同的解决方式，因此班主任要以差异化标准和个性化眼光来审视每一个具体的教育对象。每一个学生都是一个独立的成长个体，他们是不一样的，而这些"不一样"是有价值的，班主任要珍视这些"不一样"。班主任需要以差异化评价标准看待学生，充分尊重成长的"差异化"，鼓励评价的"多元化"，让每个学生找到属于自己的跑道。

其次，以包容的心态接纳"真实的学生"。班主任要以包容的心态接纳学生的全部，在此基础上研判和帮助每一个学生。每个学生都是独特的、完整的人，都有自身的性格特点，并不都是优秀、积极、听话的。在日常教育实践中，班主任要包容学生的不同性格，善待学生的问题或缺点，引导学生流露真情实感，鼓励学生提出自己的想法，为学生营造安全感，让学生感受到自己的一切行为是在安全的环境下进行的。面对"真实的学生"，班主任只有知晓他们的真实情绪，洞悉他们的真实认知，才会做出有意义的研判和评估，教育方法和策略才更有针对性，才有可能帮助学生成就更好的自己。

最后，以发展的眼光看待"成长的学生"。班主任要以发展变化的眼光来看待学生，为学生的健康成长创造更多可能性。在班主任眼中的学生一定是"成长的人"，是可塑的人。相较于成人，学生成长的内在需求更加旺盛，知识结构和精神世界处于不断完善、提高的动态之中。面对这样一个时刻发生变化的群体，班主任要用发展、变化的眼光来审视和关怀。看到学生的进步，在欣赏和鼓励的同时也给予富有前瞻性的建议；发现学生的问题，在提醒和引导的同时也期待学生的自省与调整。

（四）教育教学

教育教学素养是指班主任为达到教育目标、顺利从事教育教学活动所表现的态度、能力和智慧。班主任应综合具备学科专业知识、教学知识与技能、社会文化知识等，能够把学科知识、教育理论与教育实践相结合，突出教书育人实践能力；应掌握心理学的理论与方法，研究不同年龄阶段学生的思维方式和认知特点，选择恰当的育人方式开展教育教学，做学生锤炼品格、学习知识、创新思维、奉献祖国的引路人；应具备良好的文化素质，较强的表达能力、组织能力、研究能力，以及恰当灵活地处理问题的能力。

教育教学能力是班主任的基础素养，包括教学能力、教育智慧两个关键要点。

1. 教学能力

教学能力是指班主任应具备相关学科的专业知识和教学方法，能够胜任学科教学，具有课程开发和实施能力，能够因材施教，指导学生开展学习。班主任应精通自己的学科，具备精深的学科专业知识、广博的文化知识和教学理论基础，掌握教育学、心理学和学科教学法等基本知识。应具有扎实的教学设计和教学实施能力，能够深入领会课程标准，把握教材内容，准确设计教学目标和教学过程，善于开发利用教育资源，有效组织教学实施。

在教育教学实践中，教学能力的具体表现为胜任学科教学、指导学生学习并能够因材施教。第一，胜任学科教学。班主任能够扎实掌握所教学科的基础知识、基本原理和基本思想，掌握学科教学论的基本理念和基本方法，具备学科课程深度开发和教学设计能力，能够将学科教学的方法策略熟练应用于课堂实施中。第二，指导学生学习。班主任在开展学科教学时，不仅要传授给学生学科知识，更要传授给他们学习知识的方法。指导学生学习包括教给学生学习方法，发现学生的疑难问题，给予必要的辅导和帮助等。第三，能够因材施教。班主任能够从学生的实际情况、个别差异出发，有针对性地进行有差别的教学，使每个学生都能获得最佳发展。

为形成"教学能力"这一基础素养，新时代中小学班主任要从观摩优质课堂、探索教学方法、加强课后反思等方面加强自身修养。第一，观摩优质课堂。听课是提升教学水平的最为直接的途径之一。通过聆听其他有经验教师的课，现场观察别人的课，学习如何引入教学情境、如何设计教学活动、如何突破教学重点、如何实施教学评价，仔细体味优秀教师教学设计背后的教学理念，感受优秀教师娴熟的驾驭课堂的技巧和策略，思考哪些方法可以迁移到自己的课堂教学，为自己的教学提供思路和方法的启发。第二，探索教学方法。在观摩、模仿、学习其他教师授课的基础上，整体思考自己所教学科的教学目标，设计科学合理的教学计划。根据教学内容探索启发式、探究式、讨论式、合作式等多种教学方式，将现代信息技术恰当引入课堂教学，引导学生积极参与，及时反馈教学效果。第三，加强课后反思。一节课上完之后，教师务必进行"复盘式"思考，即：这节课整体上得怎么样？教学目标是否达成？教学活动设计是否合理？教学方法是否得当？对于"成功之处"要进行总结，提炼可供后续教学开展参考的经验；对于"不足之处"要及时反思，分析问题的原因，并提出下次上课的改进思路、方法和策略。

2. 教育智慧

教育智慧是指班主任对教育教学工作的规律性把握、创造性驾驭、深刻洞悉、敏锐反应以及灵活机智应对的综合能力。班主任应具备娴熟的教育艺术和育人智慧，善于捕捉教育时机，借助语言、动作、环境等方式教育学生，恰当、艺术、创造性地解决教育实践中的问题，拥有转化教育矛盾和冲突的教育机智。教育智慧是班主任良好的教育能力的综合体现，是班主任具有的教育理念、教育意识、教育艺术等方面的统一。

在教育教学实践中，教育智慧的具体表现为恰当应对突发问题、善于捕捉教育时机、机智转化危机矛盾等。第一，恰当应对突发问题。教育实践中，突发事件随时有可能产生，这就需要班主任具有瞬间反应能力和巧妙断事能力，能临事不慌、处乱不惊，能沉着不急、理智不躁，能敏捷不拙、从容不迫。当遇到突发问题时，能够及时应对、恰当处理。第二，善于捕捉教育时机。班主任要善于观察学生，发现学生的优点，捕捉学生的情绪情感变化，寻找适合教育的契机机智地加以引导，唤醒学生积极向上的正向愿望，激发好强的主观意愿，鼓励学生在自身优势上多下功夫，使学生体会到进步的成就感，改掉自身缺点，朝着良性方向发展。第三，机智转化危机矛盾。班主任要充满睿智，当师生、家校之间出现教育危机矛盾时，班主任能够识大体、顾大局，不计一利之得失，不计一日之长短，心胸博大，深谋远虑，具备化解危机的教育机智。班主任应具有优秀的沟通交流能力和人际交往能力，具备因势利导的教育艺术，变被动为主动，变坏事为好事，变危机为机遇。

为形成"教育智慧"这一基础素养，新时代中小学班主任要从积累教育实践、增强文化浸润、寻求思想碰撞等方面加强自身修养。第一，积累教育实践。真正的教育智慧来自教育实践。实践是班主任最大的财富和优势，是教育智慧产生的源头。班主任必须通过长时间的亲身实践，接触教育原生状态，获得实践案例材料，从经验和教训中总结深刻的道理和实用的方法。第二，增强文化浸润。新时代中小学班主任要认真学习中华优秀传统文化，多学习中华经典，理解其中所凝聚的中华民族代代传承的智慧精华，比如"知行合一"的哲学思想，"有教无类"的平等思想，"寓教于乐"的乐教思想，增强文化底蕴，提升文化修养。将这些思想理解、吃透、体悟、践行，提升教育智慧。第三，寻求交流碰撞。提升中小学班主任教育智慧的另一条途径，是思想的碰撞与交流。班主任每天要应对诸多具体事务，会遇到很多问题，也会产生许多体会。班主任应抓住各种交流机会，与同行共同探讨教育理念、教育方法和教育策略，在碰撞中深化思考，在交流中增长智慧。

（五）专业发展

专业发展是指班主任作为专业人员，在专业思想、专业知识、专业能力等方面不断发展和完善的过程，即从新手型教师到专家型教师的过程。专业发展首先强调班主任是潜力无穷、持续发展的个体，要求把班主任视为"专业人员"。专业发展要求班主任成为学习者、研究者和合作者，具有发展的自主性。自主发展强调的是发展班主任个体的个性和特长，使个体的潜质充分发挥出来。班主任通过行动研究、教学反思、同伴互助、专业引领等多种途径实现专业成长，提升专业发展能力。

专业发展是班主任的基础素养，包括学习能力、反思能力、研究能力、创新能力四个关键要点。

1. 学习能力

学习能力是指班主任在从事教育教学实践工作的同时，具有持续学习的热情和行动力。班主任这一职业的特殊性要求班主任不断地充实自己、提高自己，不满足于已有的知识储备和固有经验，不断调整自己的知识结构和体系。班主任要善于学习，通过书籍、网络、同行、实践等多种渠道学习，通过阅读、交流、培训、研修及师徒制等学习方式进行知识更新，不断提高分析、归纳、概括、总结的能力，向研究型、学者型、专家型班主任转变，不断提升专业水平。

在教育教学实践中，学习能力的具体表现为学好基本功、提升理论水平、突破固化模式。学习能力是对新时代每一位中小学班主任的职业要求，处于不同阶段的班主任由于年龄、经验、阅历的不同，学习能力的具体表现也各有侧重。

为了形成"学习能力"这一基础素养，新时代中小学班主任要从树立终身学习意识、培养阅读写作习惯、虚心向他人请教等方面加强自身修养。

2. 反思能力

反思能力是指班主任以自己的教育教学活动为思考对象，对自己的决策、行为、方法以及由此产生的结果进行审视、分析、调整的能力。反思是班主任专业成长的重要手段和途径。班主任要对自己的教育实践和周围发生的教育现象有敏锐的感知能力，自觉地对已有的教学事件进行审视、梳理、再认识和再思考，善于从中发现新问题、新现象，对日常教育实践工作保持一份敏感和探索的习惯，不断地改进自己的工作并形成理性的认识。班主任要善于审视、分析自己的教育过程及结果，调整教育行为。反思能力本质上是一种批判性思维能力，需要教师对已有认识和已有经验进行审视、分析，来洞察其本质，并不断改进提升。

在教育教学实践中，反思能力的具体表现为查找问题、总结经验、改进工作。为形成这一基础素养，新时代中小学班主任要从理性认知、随时记录、定期回顾、批判思考等方面加强自身修养。

3. 研究能力

研究能力是指班主任在教育教学实践中发现问题、分析问题、解决问题的能力。班主任要在常规教育教学工作中开展研究，不仅要总结自己的实践经验，还要从实践中的问题入手，运用科学的研究方法，探究教育现象，摸索教育措施，解决教育问题。研究能力是在教育实践研究过程中形成的比较稳定的意识和能力，是班主任专业成长的重要抓手和有效途径。班主任的教育研究主要表现为行动研究，即在教育教学实践中开展的科研工作。教育研究的目的是解决实践中的问题，不断提升班主任的教育教学专业水平。

在教育教学实践中，研究能力的具体表现为选题能力、设计能力、实施能力、总结能力。为了形成这一基础素养，新时代中小学班主任要从查阅文献资料、运用科研方法、训练课题规范、撰写案例和经验性论文等方面加强自身修养。

4. 创新能力

创新能力是指班主任要在具有扎实的学科专业知识和教育教学经验的基础上，具备广博的视野以及善于综合、开辟新领域的能力，掌握创新知识的方法，具有勇于探索、敢于怀疑和批判的学科精神，善于吸收教育科研成果，将其运用到教学中，并有独特的见解，能够发现行之有效的教学方法。国家要培养创新人才，就必须有创新型的班主任。创新型的班主任要有独到见解、创新思维、探索精神、开拓意识等。

在教育教学实践中，创新能力的具体表现为具有创新意识、拥有创新人格、具备创新思维。为了形成这一基础素养，新时代中小学班主任要从接纳新理念、学习新方法、注意新变化、尝试新思路等方面加强自身修养。

第二节　新时代中小学班主任的核心素养

　　班主任工作是学校教育中极其重要的育人工作，是落实学校立德树人根本任务的基石和支柱，既是一门科学，也是一门艺术。在普遍要求全体教师都要努力承担育人工作的前提下，班主任的责任更重，对班主任的要求更高。由于班主任角色的特殊性和职责的重要性，新时代中小学班主任除了需要具备作为一名教师所应具备的基础素养外，还必须具备成为一名班主任的不同于普通教师的特殊性要求，即班主任的核心素养。班主任的核心素养由班级建设能力、学生指导能力、沟通协调能力三项能力组成，三项能力养互为支撑，相互关联，彼此交融，共同构成了新时代中小学班主任的核心素养。

一、新时代中小学班主任核心素养的定位

　　班主任核心素养是指班主任在参与班主任研修、开展班主任工作中形成和发展的，能够适应社会发展、班主任岗位职责要求和促进自身发展的能力，是从事班主任工作应该具备的核心能力，是担任班主任岗位的关键条件，也是班主任不同于一般教师所必需的能力。班主任的核心素养，围绕着作为教育职责的首要承担者和集体教育的主要实施者这一特殊角色，是理解和阐释班主任工作的逻辑原点。由此出发，可分析出哪些工作是班主任的核心工作，哪些能力是班主任必须掌握且熟练应用的能力，哪些品质是班主任需要具备终身学习和终身修炼的品质。

对于班主任核心素养之"核心"的内涵认识，可以从专门性、共同性和统领性等几个方面来理解。班主任的核心素养，在对象取向上具有专门性，在内容取向上具有共同性，在价值取向上具有统领性。第一，核心素养具有专门性。班主任的核心素养，具有班主任岗位职责的特殊性和标志性，是班主任所特有的，不同于一般教师的素养。这种素养聚焦在班主任的教育实践活动中，并会对班主任的教育效果产生显著影响。第二，核心素养具有共同性。班主任核心素养是指向所有中小学班主任的，是对所有中小学班主任的共同素养要求，并非部分优秀班主任才具有的专属素养。第三，核心素养具有统领性。班主任专业素养是一个庞大复杂的系统体系，包括基础素养和核心素养。核心素养是班主任专业素养体系中具有统领性的素养，在整个班主任素养体系中起到引领作用，具有统帅地位。

新时代的中小学班主任要通过多种途径不断提升自己的核心素养。第一，以职前教育和职后研修为依托。有关部门要完善师范院校班主任教育课程，建立班主任课程标准，增加实践体验类课程。在高校学习期间要认真学习班主任教育相关课程，打牢教育理论知识基础，增强班级建设、学生指导和沟通协调的实践应用能力。入职后，班主任应借助各种平台和机会参加班主任研修活动，通过集体学习、工作交流、专题研讨、个案分析、观摩展示等方式提升班级建设能力、学生指导能力、沟通协调能力。第二，以成长共同体为平台。为提升班主任队伍专业水平，发挥优秀班主任辐射引领作用，有关部门可建立班主任工作室、工作坊等成长共同体，为班主任核心素养提升搭建平台。班主任可借助成长共同体这一稳定机制建立合作性的同行关系，学习优秀班主任的实践经验，在彼此观摩、合作探讨的基础上提高工作能力和水平，实现核心素养共同提升。第三，以课题研究为抓手。课题研究是班主任实践工作走向深入的主要抓手，是促使班主任将实践经验提升为理论认知的根本途径。班主任将班级管理、集体建设、学生指导、活动组织、协同育人等实践工作中的问题提炼成课题，采用规范的科研方法和思路，将个性化的实践经验通过课题研究转化为普适性的方法规律，形成理论性更强、实践性更广的课题研究成果，同时获得班主任核心素养提升。

二、新时代中小学班主任核心素养的构成

班级是学校教育系统的基本组成单位，是学生成长的基本单元，是落实立德树人根本任务的根本支撑。2017 年教育部印发的《中小学德育工作指南》要求："班主任要全面了解学生，加强班集体管理，强化集体教育，建设良好班风，通过多种形式加强与学生家长的沟通联系。"

新时代中小学班主任的核心素养，包括班级建设能力、学生指导能力、沟通协调能力。这三项能力既是对班主任这一重要岗位的核心要求，也是优秀班主任发展方向的基本框架，更是班主任区别于一般教师的独特能力。

（一）班级建设能力

班级建设是指将按名单或学号分配编班在一起的学生群体，通过班主任管理、教育和活动等手段，组织培育成为一个集体。其中班级建设之"建设"的意思并非建筑学意义上的建设，而是"创建""培育"的意思，用英文表示，此处的"建设"不是"Build"而是"Make"，意为"制作""促使""成为"。建设的含义就是：使班级若干名学生个体"变为"一个集体。班级建设在日常口语表达中，常用的说法是"带班"。"带班"的说法更突出了班主任在班级建设中的主导地位和作用。成为集体的班级，须具备四个基本特征：一是有明确共识的努力目标，二是有保障运转的组织结构，三是有共同制订的交往准则，四是有平等包容的文化氛围。

班级建设能力是指班主任把一个学生群体组织、培育成一个真正的集

体所应具备的能力。从哲学层面看，班级建设能力需要班主任必须首先具备科学的"班级观"。即如何看待"班级"，包括什么是"集体"及关于集体的各种隐喻，什么是"好班"或"优秀班级"，什么是"集体愿景"及为什么要有"愿景"等。从技术操作层面来看，班级建设涉及一系列集体活动的设计、组织、实施和反馈。从个人修养层面来看，班主任必须成为一个终身学习者，要通过不断学习集体主义教育理论、儿童心理发展理论、社会组织管理理论等，提升自己的班级建设能力。

班级建设能力是班主任核心素养的最重要、最基础的能力，是对班主任岗位的特殊要求和核心基础，包含班级管理、集体建设两个关键要点。

1. 班级管理能力

班级管理能力是指班主任具备制订班级发展计划，采用一定的教育措施落实计划，带领全班学生对班级中的各种资源进行设计、组织、协调、控制的能力。班级管理与班级教育互为依托，各有侧重。班级管理侧重于组织、制度、环境、秩序等方面的建立与维护，而班级教育侧重于对学生的教育过程。二者的关系在于，班级管理中组织、制度、环境、秩序的建设过程，可通过具体的活动设计和活动方式转化成为班级教育活动，达到育人目的。

班级管理能力具体表现为构建带班育人整体思路、建立班级制度规范、维持班级生活秩序。第一，班主任能够构建带班育人整体思路。新时代中小学班主任要站在班级建设的角度，基于班级学情，提出全面、系统的带班整体方针和实施策略。带班育人整体思路的形成，既包含班主任对班级建设的总体设想，也包含开展班级建设的实施方案。在此基础上班主任要能够根据学生年龄特征及变化，确立班级发展规划，制订年度发展计划。第二，班主任能够建立班级制度规范。班主任要建立健全班级规章制度和学生行为规范，以制度方式对学生行为实施定向引导和管理，建立精细化、人性化、民主化的班级管理模式，建立起学生的规则意识和责任意识。规章制度的建立既要有对学生的一般性规定，也要带有班级个性特征。比如考勤、纪律、卫生等制度就属于一般性要求，而班规班训、班委选举、班级评价则更多体现班级学情和班级特色。第三，班主任能够维护班级生活秩序。班主任要能够有条理、有组织地安排班级的各个组成部分，使之达到正常的运转状态。一是班主任要倡导尊重、责任、友善等班级文化，在纪律规范、学习行为、同学交往等方面对学生进行引导，建设良好班风。二是班主任要培养学生的自主管理能力，不但要帮助学生成为学习自主、生活自理的人，而且要帮助学生进行社会角色学习，获得认识社会、适应社会的能力。三是班主任要培养积极的人际关系，对于学生欺凌等突发事件和矛盾问题要提前做好应急预案。

为形成班级管理能力，新时代中小学班主任要从学习管理学理论和方法、重塑班级管理的新时代观、深化拓展不同视角的班级管理研究等方面加强自身修养。第一，学习管理学理论和方法。新时代中小学班主任要以管理学作为班级管理的理论基础，学习科学管理、人际关系、系统理论等现代管理理论，分析现代化的管理思想和管理手段在班级管理中的适用性与可行性，尝试借鉴管理学方法建立充满活力、秩序稳定的班级系统。第二，重塑新时代的班级管理理念。新时代中小学班主任要在新时代背景下，重新建立起适应时代背景的班级管理理念，变区分优劣为尊重差异，变管束控制为合作解决，变分工负责为协同配合。第三，深化拓展不同视角的班级管理研究。新时代中小学班主任要从客观的宏观视角、主观的微观视角和问题的解决视角等不同视角深入开展班级管理研究。一是客观的宏观视角：客观看待班级的自然发展变化，探究班级发展的一般规律性。二是主观的微观视角：把学生个体成长作为研究对象，观察追踪班级个体学生的个性发展问题。三是问题的解决视角：以行动研究的方式，关注班级管理的普遍问题，寻求恰当、适切地解决问题的方法和技巧。

2.集体建设能力

集体建设能力是指班主任具备将班级凝聚成集体的规划和实施的能力，促进学生集体意识的形成和良好个性的发展。集体是群体的一种，是群体发展的高级阶段。只有具有高度团结、高水平的整合能力、有集体主义倾向并且有高度组织能力的群体才能称为集体。一个班级产生后，需要经过一定的发展时期，才能成为一个集体。集体建设的本质，就是要把"班级"发展成"集体"，发展成具有共同目标、共同任务、共同活动的群体，建立起稳定合作和相互友爱的关系，个体能够认识到集体活动对个人和本群体的作用。班集体作为学生学习生活的整体，发挥着比教师的单一教育还要大的作用。而这个班集体要发挥积极作用，必须依靠班主任的培养、管理，使之成为一个优化的环境。因此，集体建设既是班级建设的目的，也是班级教育的手段。

集体建设能力具体表现为塑造集体价值观、营造集体氛围和班级文化、发挥集体育人功能。第一，班主任能够塑造集体价值观。集体价值观即一个集体判定事物有无价值和价值大小的根本观点和评价标准，是本班学生追求的整体意识，是本班全体学生共同的价值准则，决定着学生行为的取向。班主任要能够在班集体中对什么是好、什么是坏，什么是对、什么是错，向往什么、反对什么，喜爱什么、厌恶什么等观念、态度加以引导，形成全班学生共同的价值观。第二，班主任能够营造集体氛围和班级文化。通过教室布置、板报设计、走廊装饰等建设班级环境，营造温暖、舒适、有教育意义的物理环境。通过班旗、班歌、班徽等班级特色标志，增强学生对班集体的认同感和自豪感。通过组织班会、队会以及各种主题教育活动和文体活动，形成团结友善、民主和谐的集体氛围和合作互助、积极向上的班级文化。第三，班主任能够发挥集体育人功能。班主任要帮助学生树立"通过集体能够有效解决问题"的观念，培养每个学生作为集体一员的自觉和责任意识，引导每个学生形成对完成集体任务和团队目标的认真负责态度，培育集体内学生之间协商素养和合作解决问题能力，发挥集体育人功能。

为形成集体建设能力，新时代中小学班主任要从明确集体建设观、深化对集体主义教育的理解、开展不同类型的集体建设研究等方面加强自身修养。

首先，明确集体建设观。班主任要加强集体主义理论学习，深刻理解班级是集体教育理论的实现基础。要从家庭建设、团队建设和社会建设不同角度思考集体建设的发展理念、实现目标及基本样态，形成自己的集体建设观。要深化对"信任""合作""协同"等"集体"内涵的理解，并把"信任"放在集体建设的首位。

其次，深化对集体主义教育的理解。集体主义，是主张个人从属于社会，个人利益服从集体、民族和国家利益的一种思想理论。习近平总书记指出，要加强思想道德建设，加强集体主义教育。"集体主义"与"个人主义"相对，《马克思恩格斯全集》中"只有在集体中才可能有个人自由"的论述，蕴含了在处理个人利益和集体利益关系时的集体主义原则。集体主义教育思想是马卡连柯教育理论体系的核心，集体主义教育的目的是培养集体主义者，也就是培养学生的义务感和荣誉观，培养学生的集体主义观念，使之能关心集体、爱护集体，把集体的利益放在个人利益之上。新时代中小学班主任要遵循尊重学生与严格要求学生相结合原则、前景教育原则（向集体提出奋斗目标）、平行教育影响原则（集体教育与个别教育相结合原则）开展集体主义教育。

最后，开展不同类型的集体建设研究。新时代中小学班主任要加强集体建设的理论性研究、实证性研究和经验性研究。理论性研究，重在从理论的视角提炼集体建设的实践经验，并试图上升为理论。实证性研究，主要借助社会学、心理学等理论对集体建设问题进行调查研究。经验性研究，主要是通过对集体发展的实际情况进行描述，从中总结经验技巧。

（二）学生指导能力

学生指导能力，是指班主任在尊重学生、理解学生、充分认识学生差异的基础上，对学生帮助、引导、教育，以发挥每个学生自主性、积极性、主动性和创造性，这是班主任做好教育工作的基本态度和基本技能。

从哲学层面看，形成学生指导能力需要班主任必须首先具备正确的学生观。即如何看待学生，包括如何理解学生的成长规律，如何理解遗传、环境和教育的关系，如何理解个性与共性、张扬与抑制的关系等。从理论层面来看，充分认识和理解学生之间天然存在的个性差异，是班主任开展学生指导的理论基点。从操作层面来看，班主任开展学生指导的根本目的是促进每个学生的健康成长，基本原则是"因材施教"，这要求班主任引导学生建立正确的价值观，了解、理解、尊重每个学生的个性和特长，善于疏导学生情绪、矫正学生行为、恰当评价、激励学生。

学生指导能力是班主任核心素养的重心，包含价值观教育能力、个性化指导能力、身心健康指导能力、评价能力四个关键要点。

1.价值观教育能力

价值观是人们关于客观事物价值的观点与信念，是一个人对周围的客观事物的意义、重要性的总评价和总看法。价值观直接影响人们的态度、思维和行为。形成价值观的重要基础是价值标准的掌握，价值标准与人们所处的社会文化背景有关，也与人们各自的需要、利益、志趣、知识等个性特点有关。价值观教育是指按照一定的社会要求，以教育的方式，有目的、有计划、有组织地把符合社会要求的思想意识、观念准则及道德规范传递给学生，引导青少年形成正确的价值取向，用正确的价值标准来看待社会、人生及生命，促进青少年合理的价值追求和价值实现。

"班集体"是青少年价值观教育最为基本的生存土壤和发展空间，"集体教育"是青少年价值观教育最为有效的教育形式。价值观教育能力具体表现为在班集体建设目标、班集体舆论氛围、班集体教育活动中自然融入社会主导的价值观。

首先，班集体建设目标能够体现出社会主导的价值观。班级是中小学最基本的组织单位，班主任需要认识到，青少年从最简单的需求满足、情感认同到最深刻的责任感，是在完成班集体奋斗目标和价值追求的过程中逐渐形成的，一个集体的价值就在于它能把社会正确的价值观和价值取向赋予集体中的每一个人。因此，要强调班集体目标对学生的价值引领作用，要能够在班集体建设目标中体现出教育理想和教育目的，体现出社会主导的价值观，体现出学生对集体、社会的责任感和义务感的价值追求，体现出对学生生命成长的尊重。

其次，引导班集体形成正确的文化氛围和价值舆论。班集体对学生价值观的影响，是在班主任的指导下，在班集体的氛围和舆论中实现的。班集体的舆论氛围产生的效果，远远大于单纯的说教和灌输。一个拥有共同目标，组织性与纪律性俱佳，组织制度和管理机构健全，且拥有自觉纪律和正确舆论的"集体"，本身就具有无形的教育力量。在这样的集体中进行价值观教育，就会迸发出巨大的教育影响力，能够有效地培养青少年的道德品质，使其形成正确的价值观和价值取向。班主任要能够加强班集体的氛围建设，形成正确的舆论导向。在集体舆论的监督和影响下，学生就会自然地受到集体的舆论约束和集体氛围的感染，学生"就能知道自己的问题""就能知道自己应该怎样做""就能知道集体为什么表扬自己，又为什么批评自己"。

最后，在班集体日常生活中自然"融入"价值观教育内容。一是班主任要能够认识到价值观教育应关注"生活化"而非"知识化"。重视价值观教育的班级生活根基，重视学生真实的生活境遇和独特的价值体验，而非知识陈述，重视在班集体日常生活中让学生感知、体验、协商和合作。二是班主任要能够掌握价值观教育的方法，要学习掌握榜样示范法、情境体验法、实际锻炼法、两难故事法、角色扮演法等价值观教育方法，并在班级教育活动中予以实践应用。三是班主任要能够在集体班会、师生交流、志愿服务、实践活动中自然融入爱国主义、集体主义、社会主义核心价值观的思想和精神，让学生通过教育活动的体验和感知，逐渐形成正确的价值标准和价值取向。

为形成"价值观教育"能力，新时代中小学班主任要从正确领会价值观教育的目的、全面认识价值观教育的内容、深刻理解价值观教育的根本是"集体建设"等方面加强自身修养。

第一，正确领会价值观教育的目的。班主任能够正确领会到价值观教育的方向性，教育学生形成德智体美劳全面发展的成长追求，从小树立成为社会主义建设者和接班人的远大志向。教育学生正确地看待社会的作用，清楚地认识自己的人生意义，理解生命的价值，形成坚定的信仰。教育学生树立理想信念，形成健全人格，养成关爱情怀，学会适应现代社会。教育学生爱党爱国、诚实守信、孝敬父母、尊敬师长，培养学生正确的行为规范，并使之内化为他们的行为准则。

第二，全面认识价值观教育的内容。班主任能够清楚理解价值观教育的范畴及内容，既要把社会主义核心价值观作为价值观教育的核心内容，教育引导学生深入学习其内涵，理解富强、民主、文明、和谐作为国家层面的价值目标，自由、平等、公正、法治作为社会层面的价值取向，爱国、敬业、诚信、友善作为公民个人层面的价值准则的不同层次的含义；也要将诸如关心、理解、尊重、团结、合作、诚实、谦虚、责任、宽容、简朴、和平等做人的基本规范和基本价值目标作为价值观教育的基本内容。

第三，深刻理解价值观教育的根本是"集体建设"。苏联教育家马卡连柯认为，集体教育本身就可以培育学生集体主义的价值观，而学生集体主义精神的培养要立足于学生的集体，把学生放到集体中进行教育。青少年的集体主义精神本身就体现了对集体、对他人、对自己的责任感、义务感，青少年的集体主义价值观本身就涵盖了诸如关心、理解、尊重、爱戴、团结、合作、诚实、谦虚、责任、宽容、简朴、和平等做人的基本规范和人类的基本价值目标。班主任要能够认识到，学生的价值观教育根本就在"班集体"中，学生的价值观教育就要立足于良好班集体的建设，要把价值观教育渗透到班集体建设的各个环节，形成一个正确的集体价值观和舆论导向，进而影响和提升班集体内每一个学生的责任感、义务感和道德品质，促进其合理的价值追求和价值实现。

2. 个性化指导能力

个性化指导能力也称为个性化教育能力。个性，是指一个人的整个精神面貌，是具有一定倾向性的心理特征的总和。个性是由能力、气质、性格、兴趣、信念等多层次、多维度心理特征构成的整体。其中，能力是完成某种活动的潜在可能性的特征，气质是心理活动的动力特征，性格是完成活动任务的态度和行为方式的特征，动机、兴趣、理想、信念是活动倾向方面的特征等。个性化指导就是指根据学生的能力、气质、性格、兴趣、信念等个性特征及学生的生活背景、家庭环境、行为习惯、人际关系、学业水平等教育因素，依据不同情况采取不同方法进行的教育和指导。班主任要通过班级管理和集体建设，在集体中发展个体，最终使每个学生在集体中获得成长。

个性化指导能力具体表现为班主任能够根据学生的不同情况开展学业指导、生活指导、人际关系指导和生涯规划教育指导。第一，学业指导。班主任能够根据学生不同的学业兴趣、学业表现和学业水平，给学生提出相应的指导建议。对于某一学科学业水平偏低的学生，班主任能够帮助学生分析问题原因，引导学生端正学习态度，指导学生掌握正确的学习方法，形成良好的学习习惯。对于某些方面表现超常的学生，班主任也能够为其提供相应的提升途径和发展建议。第二，生活指导。班主任能够了解班级每个学生的生活背景和家庭情况，特别是对出现身体不适、家庭生活困难、亲子关系问题的学生能够给予更多关注，在情感上给学生温暖和安慰。可通过家访等形式深入了解学生的生活情况，增加与家长的交流，提供适切的建议。第三，人际关系指导。班主任能够通过观察、访谈、与班委交谈等多种途径深入了解班级内部的学生关系情况，特别要注意是否出现学生小团体、学生矛盾冲突的现象，要引导学生尊重他人、友善待人，给人际关系出现问题的学生提出建议，及时化解个别学生的过分越界行为（如起外号、排挤同学、使用攻击性言语等），必要时可争取外部的专业支持。第四，生涯规划教育指导。班主任能够对不同学段和不同兴趣爱好的学生开展升学指导、社会理解和生涯规划教育。小学阶段的生涯教育重在生涯启蒙，班主任要设计一些体验活动，帮助学生形成基本的社会职业认知和人际交往能力。初中阶段的生涯教育重在生涯探索，班主任要通过课程和活动设计，促进学生对社会分工、职业角色的体验与认识，初步形成生涯规划的意识。高中阶段的生涯教育重在生涯规划，班主任要指导学生了解高等院校的专业设置和社会的职业需求，提高学生的学业和职业规划能力。

因材施教是个性化教育的基本原则。因材施教的目的不是减少差异，而是让不同性格类型、不同学业水平、不同兴趣爱好的学生都能获得相应的发展。为形成"个性化指导"这一核心素养，新时代中小学班主任要从"类型"视角分析不同学生特点，针对不同类型学生采取不同教育方式，为不同学生创造发展条件等方面加强自身修养。

首先，从"类型"而非"高低"的视角分析不同学生特点。在不同教育情境中，不同性格、不同气质、不同爱好的学生表现极为复杂。班主任要留意观察学生在不同教育活动中的表现，分析不同学生的差异特点。对这些差异的认识，班主任在归因时，要理解为"类型"，而非"高低"——这就是新时代班主任的差异观。

其次，针对不同类型的学生采取不同的教育和沟通方式。对于不同性格气质类型的学生，班主任需要凭借经验和智慧，采取不同的教育方式。其一，对于直率热情、脾气急躁的学生，班主任可采取"以理服人"的教育方式，要直截了当地告诉他们需要改进的地方，批评要有说服力，同时督促他们克服鲁莽的缺点。其二，对于活泼好动、善于交际的学生，班主任可采取"实践锻炼"的教育方式，要多让他们在实践活动中磨炼意志，同时提醒他们不要半途而废，培养专心和坚持的品质。其三，对于沉静多思、自制力强的学生，班主任可采取"耐心教育"的方式。这类学生思考问题比较慢，因此班主任需要更多的耐心，要给他们足够的考虑和做出反应的时间，在指出他们的缺点的同时，应该给予更多的关怀和疏导，给他们创设展示自我的平台和机会。其四，对于性格内向、多愁善感的学生，班主任可采取"委婉暗示"的方式，要多关心和鼓励他们，不要在公开场合指责批评他们，避免给学生带来较大的心理负担，同时鼓励他们参加各类活动，表现自我。

最后，为不同学生创造发展条件。班主任实施个性化教育要立足于学生群体，强调班级教育中要尊重学生的个体差异，兼顾学生不同的需要。因此班主任在开展班级教育、组织班级活动时，要处理好共性与个性的关系。一方面要设计班集体的共性教育活动，另一方面要充分创造各种条件，为不同学生搭建展示平台，使不同学生都能发挥个性优势，在共性活动中获得个性发展。这就要求班主任能够创设出丰富多彩的活动，设计出不同岗位，让不同学生都能有展示自己的机会和舞台。

3. 身心健康指导能力

身心健康是指个体身体和心理上的良好状态，包括健康的身体和正常良好的心态。身心健康指导能力，是指班主任要能够指导学生形成良好的卫生习惯、体育锻炼习惯、健康生活习惯，教育学生树立珍爱生命、安全第一的意识，教给学生安全、卫生常识，引导学生形成自尊自信、自立自强的心态，帮助学生合理表达、控制调节自我情绪，形成应对学习压力、生活困难和寻求帮助的积极心理品质。

身心健康指导能力具体表现为班主任能够开展体质健康指导、安全意识指导、健康生活指导、心理健康指导。第一，开展体质健康指导。班主任能够督促学生积极参加体育活动，坚持每天锻炼身体至少1小时，认真做广播体操、眼保健操，达到体质健康监测标准，掌握1至2项体育运动技能。第二，开展安全意识指导。班主任能够教育学生树立珍爱生命、安全第一的意识，通过集体班会、实践活动、宣传交流等方式教给学生安全、卫生基本常识，提醒学生注重日常预防和自我保护，提高学生避险和紧急情况应对能力。第三，开展健康生活指导。班主任能够督促学生讲究卫生，健康饮食，按时作息，保证充足睡眠，教育学生养成坐、立、行、读、写的正确姿势。督促学生不过度使用手机，不沉迷网络游戏，不吸烟、不喝酒、不赌博，远离毒品。第四，开展心理健康指导。班主任能够了解学生的年龄生理特点和身心发展状况，引导学生建立乐观向上、阳光健康的心态，指导学生正确看待挫折，对学生情绪、心理出现的问题能够给予恰当疏导。

为形成"身心健康指导"能力，新时代中小学班主任要从提升情绪疏导能力、增进师生沟通和家校协同、妥善处理突发事件等方面加强自身修养。首先，理解学生生理、心理特征。班主任要学习生理学基础知识，了解不同年龄段学生的生理特点和身体特征。对于处于青春期的学生所表现出来的自我意识和反抗心理，要从生理的角度来理解其根本缘由。班主任要掌握一定的教育心理学方法，要随时随地观察学生，了解学生的内心，密切关注学生的身体状况和精神状态。其次，增进师生沟通和家校协同干预。一方面，班主任要与学生进行经常性沟通，纾解心理压力，当遇到学生不愿透露的问题时，要采用恰当的方式对学生进行情绪疏导。必要时可争取心理教师、体育教师、校医及校外专人人士共同参与指导。另一方面，班主任要加强家校协同干预，在学生体育锻炼、卫生习惯、情绪心理等方面增进与家长的密切沟通，特别是当发现学生的身体、衣着、物品、精神等出现异样的时候，要及时告知家长。最后，妥善处理突发事件。班主任要对可能发生的地震、火灾、踩踏、学生自伤、校园欺凌、校园暴力等突发性事件制定应急预案，提升应急处置能力；要指导学生开展相关演练，教给学生应对突发事件的方法技能。一旦发生突发事件，班主任要第一时间报告学校、联系家长，在学校指导下核实情况、妥善处理。

4.评价能力

评价是指对评价对象的分析和判断；确定对象的意义、价值或状态。评价学生能力时班主任要根据学生实际情况，采用恰当的评价方式对学生的德智体美劳全面发展的情况进行价值判断，并将评价结果反馈给学生，不断激励学生，促进学生发展。班主任要帮助学生制定恰当的发展目标，依据目标对学生的成长进行全面、科学的评价，掌握科学、合理的奖惩方法，引导学生进行自我认识、自我反思、自我教育，通过评价促进学生德智体美劳全面发展，健康成长。

评价学生能力具体表现为班主任能够具备多元评价视角、注重过程性评价和增值性评价、设置可评可测的评价细则以及建立固定的评价机制。第一，具备多元评价视角。班主任能够具备全过程、多视角的评价理念，关注学生在品德发展、学业发展、身心发展、审美素养、劳动与社会实践等方面的表现。在评价学生时，能够综合看待学生的各方面发展情况，不以单独某一方面（如学业水平）作为衡量学生表现的唯一标准。第二，注重过程性评价和增值性评价。班主任能够面向全体学生，关注学生的成长历程，注重发挥过程性评价在教育引导中的作用，有效发挥评价的引导、诊断、改进、激励功能。班主任能够以个体内差异评价标准为基准，关注每个学生在原有基础上的努力态度和进步程度，注重增值性评价在班级管理和个别化指导中的作用。第三，设置可评可测的评价细则。班主任能够根据班级管理和教育目标，将对学生的行为规范、学业表现、体育锻炼、实践活动等方面的要求，转化为评价内容，形成可评可测的评价细则。第四，建立固定的评价机制。班主任能够通过建立积分制和代币制、设立奖项、星级评选等评价机制，配合班级各种活动，激励学生，调动学生的成长内驱力，使每个学生都有机会发现自己的优势，实现以评促育的作用。

为形成"评价学生"能力，新时代中小学班主任要从充分认识评价功能、准确把握评价原则、恰当运用多元评价方式等方面加强自身修养。

首先，充分认识评价的导向、改进、激励和交流功能。一是评价的导向功能。班主任要提高对学生评价功能的认识，以学生的教育目标作为评价目标，以引导学生朝着目标发展进步的实施过程为关键，以教育目标的最终实现为归宿，使学生通过班主任评价不断接近目标、达到目标，使学生趋向目标的行为得到强化，背离目标的行为得到弱化。二是评价的改进功能。通过班主任评价，学生能够及时获得受教育过程中的反馈信息，及时加强正确的、有利于教育目标实现的行为，调整和校正出现问题的、不利于教育目标实现的行为，从而实现自我的不断改进和完善。三是评价的激励功能。班主任依据评价目标和评价标准，肯定学生进步，指出不足，激发学生的情感，鼓舞斗志，促使学生精神振作，产生争取进步的行为动机。四是交流功能。通过班主任评价，促使学生和班主任相互接触、相互了解、沟通情感，建立良好的师生关系，从而建立促进学生成长的良好教育氛围。

其次，准确把握学生评价全面、鼓励、真实、发展、公平、差异原则。一是评价要全面。班主任要树立人才标准多元化的观念，克服单纯以"分"取人、以"老实""听话""学习好"为单一标准来评价学生的倾向。二是评价要以鼓励为主。班主任评价要能够"看见"学生的点滴进步，用眼神、表情、动作、语言等多种方式来体现老师看到了学生的努力和成长，帮助学生不断增强自信心。三是评价要真实、可信。班主任要实事求是地依据学生的表现给予评价，评价要根据实际情况得出，不能仅凭平时印象妄下结论。四是评价要注重发展性。班主任要用发展的眼光评价学生，用寻找"优点"的视角看待学生，看到学生好的一面和巨大的发展潜能。五是评价要公平、适度。班主任面对全班几十个学生，评价时要公平、公正、适度，关注到每一个学生。绝不能只对"好学生"表现出偏爱和热情，而对所谓的"薄弱生"忽略或怠慢。六是评价要注重差异。评价也要"因材施教"。班主任要充分了解班级学生的个性特征、家庭环境及对教师和同学的需求，选择能够激发学生自信心、调动学生内在动力的内容和方式实施评价。

最后，恰当运用口头、书面、非语言等多元评价方式。一是口头评价。主要适用于课堂教学、日常交流、集体教育、个别谈话等场合，既可用于对学生个体的评价，也可用于对班级全体学生的评价。二是书面评价。主要以班主任评语的形式呈现，用于作业批改、作文批阅、期末总结等场合，具有一定的保密性，通常比较适合对学生个体的评价。三是非言语评价。主要是指班主任运用眼神、表情、动作对学生的评价，诸如点头、微笑、拍肩膀等，表达班主任或赞赏或肯定或提醒或批评的态度。非言语的评价对学生起到的效果不容忽视。

（三）沟通协调能力

沟通协调能力是指班主任与家长、同事、校领导等群体之间传递信息、交流想法、畅通感情，恰当处理校内外不同群体关系，挖掘调动教育资源，建立、调整和改善师生关系、家校关系、同事关系的综合能力，旨在多方教育主体形成合力，协同一致，实现育人目标。在班主任教育实践工作中，家校社的共同目标即为育人。沟通形成共识，教育理念达成一致；协调形成合力，教育力量实现协同。

从哲学层面看，班主任的沟通协调能力总体上反映为一种"协同观"，即如何看待家庭环境和社会环境对学生成长的影响力度，如何看待家庭和社会对学生影响的"无意识",如何看待家校社的"有意识"合作。包括什么是"协同",意指"协调一致、团结统一、协助会同、互相配合"。也可以从反面来理解,什么是"不协同",诸如"互不关心、互不信任、互相否定、互相拆台"。从操作技术层面来看,沟通协调涉及一系列交往的习惯模式和交流的语言艺术,涉及班集体建设中的家校共识、班级活动的家校组织、班级教育效果的家校反馈的具体操作策略。从个人修养层面来看,班主任必须成为一个优秀的"倾听者"和"共情者",必须成为生态系统理论、社会组织理论、重叠影响阈理论的学习者,持续提升自己的沟通协调能力。

沟通协调能力是班主任核心素养的重要组成,包含沟通教育信息、协调教育关系、调动教育资源三个关键要点。

1. 沟通教育信息

所谓"沟通",是指人与人之间通过各种载体实现信息的双向流动,以达到思想一致和感情通畅的目的。"沟通"是"协调"的条件和手段。沟通教育信息是指班主任作为学生、家长、学校领导等与班级管理密切相关群体的中心节点,需要对上对下、对内对外进行沟通联络,从而保证与班级相关人员关系和谐、沟通顺畅。班主任的教育沟通,既包括与任课教师、其他校内教职员工之间的沟通,也包括与家长和社区的沟通。

沟通教育信息能力具体表现为班主任态度的主动性、途径的多样性、频率的经常性。第一,态度的主动性。班主任在与任课教师、学生家长、社区组织的沟通方面,要体现出主动性。要主动与任课教师沟通班级学生的发展近况,就班级中的教育问题分析原因,讨论解决措施。要主动与家长沟通孩子在校的各方面表现,交流班级教育活动的相关信息,让家长充分了解班级建设目标和愿景,反馈孩子在班级的成长变化。第二,途径的多样性。班主任要通过定期沟通和随时沟通、集体沟通和个别沟通等方式,建立家访及与家长的日常联络渠道,通过多种途径与家长交流对话,以获得相互了解、信任并达成共识,建立稳定的家校信任关系。第三,频率的经常性。班主任要与任课教师、社团教师定期交流学生情况，提出个别辅导需求，邀请任课教师、学校领导参与班级活动，及时与相关领导沟通班级的必要信息及出现的问题。要与学生家长经常沟通学生的在校情况，交流班级活动开展情况，让家长充分了解班集体的文化和荣誉。

为形成"沟通教育信息"能力，新时代中小学班主任要从把尊重放首位、研究个别沟通与全体沟通的不同策略、注意沟通技巧等方面提高自身修养。

第一，把尊重放在首位。沟通的前提是尊重。班主任要把对家长的尊重放在沟通之前，要让家长感觉到自己的地位之重。班主任微笑地迎接和谦和的态度，能够让家长感到被尊重，为班主任与家长之间的交谈营造和谐氛围。

第二，研究个别沟通与全体沟通的不同策略。班主任要认识到与个别家长沟通和与全体家长沟通是存在很大区别的。对于全体沟通，班主任要研究在微信群里的说话技巧，务必运用恰当、稳妥的表达方式，避免产生不必要的麻烦。当使用家长微信群时，一般仅限于发通知类的事项，避免在家长微信群内讨论某个孩子。对于个体沟通，班主任要清楚地认识到，虽然微信、电话等已成为当今信息技术时代最为常用的沟通渠道，但并不能完全替代家访或见面等传统方式。在与家长谈话时，班主任要特别注意运用一个重要的谈话技巧：一定要谈出一两个孩子平时表现的细节，如孩子的口头禅、习惯性动作以及在学校、在班里的故事等，这样一来家长立刻就会感觉到孩子得到了班主任的高度关注，家长与班主任的关系也就瞬间拉近了。

第三，注意沟通技巧。面对不同类型的家长，班主任要根据情况运用不同的沟通技巧。一是面对知识型的家长。这类家长有比较好的知识和修养，在教育孩子方面有独到的见解。与这类家长沟通时，班主任一般应如实向家长反映情况，主动请他们先提出教育的措施和处理的意见，认真倾听。这类家长一般比较注重对孩子的教育，他们观察自己孩子的表现比较深入、细致，作为班主任应虚心听取他们的建议。在听取家长意见的同时班主任要具有自己的判断力，冷静分析。二是面对溺爱型的家长。一般见面都要先肯定学生的长处，抓住他们身上的积极品质，溺爱型的家长更希望听到老师对自己孩子的肯定。要充分尊重家长的感情，理解家长疼爱子女的正当性，这样家长才会从心理上接受班主任的意见。同时，也要用恳切的语言向家长反映情况，指出学生存在的问题。对于这样的家长，班主任要在肯定中提出要求，在提要求时带着婉转。三是面对脾气暴躁型的家长。班主任与这样的家长沟通要特别讲究方式方法，谨慎行事。要以柔风细雨式的交谈方式让家长知道，请他们到学校来并不是为了惩罚孩子，而是争取家长的协助，共同帮助学生。对于这样的家长一定要声明：绝对不能打骂孩子，要采取适当的教育手段。四是面对学习后进生的家长。班主任要让这类家长对自己的孩子充满信心。班主任首先不能只用成绩来评价学生，要尽量发掘学生的闪光点，要让家长看到孩子的长处和进步，看到希望。班主任在说到学生的优点时要热情、有力度，而在说学生缺点时，语气要舒缓婉转，不要一次说得太多，不能言过其实，更不能用"这孩子很笨"这样的话。五是面对气势汹汹的家长。与这类家长沟通时，班主任要以理服人。碰到气势汹汹的家长，班主任一定要沉得住气，最有效的做法就是面带微笑。在面对家长的指责时，班主任要克制自己的情绪，不要和家长争执，更不要讽刺学生和家长。即使是非常尴尬或困难的场合，班主任也要保持风度，赢得家长的理解支持，体现自己的宽容大度，从而最终消除误解和矛盾。

2. 协调教育关系

所谓"协调"，是指正确处理组织内外各种关系，资源搭配适当，人员配合得当，能够为组织正常运转创造良好的条件和环境，促进组织目标的实现。"协调"是"沟通"的目的和结果。协调教育关系是指班主任通过制度建设、机制建设、组织建设、情感交流等方式，调动教师、部门、家长、社区的力量，开展相互配合的教育工作，消除关系中的矛盾及阻碍，创造和谐的教育环境，维持正常的教学秩序，形成正向的、积极的教育合力。

协调教育关系能力具体表现为班主任能够协调人员关系和活动安排、建立家校协同组织、发挥协调主导作用。

第一，协调人员关系和活动安排。班主任作为班级相关工作的"协调员"，要运用多种方式获取外部支持，增进相互情感，化解内部矛盾，提升教育合力。一是当学生或家长与其他任课教师产生矛盾时，班主任必须作为主导加以协调解决；二是当班级学生参与社团活动时，班主任要能够协调社团活动与其他活动时间的矛盾，协助社团教师组织活动；三是当班级开展特色文化活动时，班主任要能够与相关处室协调时间，支持和参与班级活动。

第二，建立家校协同组织。班主任要能够建立家长和教师共同携手帮助学生成长的协作组织。家长教师协会（Parent-Teacher Association，简称PTA），是一种有效的家校共育组织，能够搭建起家长、教师、学生之间的桥梁。这一组织的建设，成为家校之间快速、通畅的信息交流平台，能够倾听学生的苦恼、家长的焦虑，减少家校由于双方信息不对称导致的冲突，解决孩子学习生活中的实际问题，使教育环境在良性互动的情况下发展，班主任作为组织者，让家长通过自己的亲身经历指导其他家长，惠及更多家庭。家长教师协会具有讨论家长要求、代表全体家长参与班级工作、帮助个别家长教育孩子、参与班级文化活动等职责，成为讨论、质疑、协商、决策的家校共育组织平台。

第三，发挥协调主导作用。建立家校社协同关系的过程就是班主任对任课教师、家长、社区施加影响并取得共识的过程，班主任应当是主动施加影响的一方。因此，不论是协调任课教师、社团教师，还是协调家长或社区的关系，都要求班主任能够尽量主动。一方面，班主任可选择适当的方式，将值日、午餐、作业、实践等班级日常活动向家长敞开，便于家长全面深入了解班级管理和教育工作；将班集体的文化与特色向任课教师和社团教师敞开，便于与其他教师开展课程、活动等方面的合作。另一方面，班主任要听取多方建议，主动接纳不同意见，调动各方力量为班级建设出谋划策，群策群力建设优秀班级。

为形成"协调教育关系"能力，新时代中小学班主任要从建立互信关系、加深协同理解、构建班级育人共同体等方面加强自身修养。

首先，共育的首要问题是建立互信关系。班主任与家长相互信任的前提是相互理解，相互理解的前提是相互了解。一方面，要想做到相互理解，就必须"换位思考"。班主任要学会共情，只有做到站在家长的角度换位思考，准确地理解家长的需求和困扰，才能真正理解家长的处境，同时也获得家长的理解。另一方面，要想做到相互了解，就必须"开诚布公"。班主任要借助家访、开诚布公地谈话等方式，快速缩短与家长之间的心理距离，建立起情感联系，增进与家长的思想、情感、精神、共同的教育理想以及人生观和价值观的深度交流，让家长对班主任产生信任感。

其次，加深对家校协同内容的理解。班主任对于家校协同的认识不能停留于表面，需要认识到家校协同是新时代落实立德树人根本任务的重要途径之一，需要重新思考家校目标一致、想法却不同的根本原因，需要重视与家长的相互理解而带来的合作助力，需要认识到家长对班集体荣誉的重视对学生规则意识、责任感所产生的重要作用。

最后，构建班级育人共同体。班主任要致力于建立以班级为平台，由班主任为主导，以任课教师、学生家长、社团教师、社区志愿者等人员构成的班级育人共同体，把握不同群体的协调原则。在与家长的协同上，要认识到家长是班主任工作的合作伙伴，要以尊重、信任为基本原则。在与任课教师、社团教师的协同上，要认识到教育目标的一致性，要以平等、互利为基本原则。在与社区的协同上，要认识到与社区的双向互动是主要工作方式，要以互帮、互助为基本原则。

3. 调动教育资源

所谓"调动"，是指调集发动，动员积极因素。所谓"资源"，是指一切可被人类开发和利用的物质、能量和信息的总称。教育资源是人类社会资源之一，是长期的文明进化和教育实践中所创造积累的教育知识、教育技能、教育资产以及教育领域内外人际关系等的总和。对班主任而言，可以挖掘利用的教育资源主要包括学习资源、人力资源和物力资源。

调动教育资源是指班主任寻找课程、文献、案例等学习资源，动员家长、学校、社会等人力资源，利用社区场地、社会实践基地等物力资源，形成共同为班级教育工作服务的育人合力。从教育资源的类型上，涉及学习资源、家长资源、学校资源和社区（社会）资源等。班主任可以充分挖掘现代信息技术背景下的学习资源，为自己的终身学习提供多样的学习资料。班主任要主动获取班级任课教师、校医、心理教师、体育教师等其他教师的支持，借助外力提升班级工作水平。班主任还要充分调动家长参与班级教育工作的积极性，调配运用家长资源和社区资源为班级活动提供服务。

调动教育资源能力具体表现为班主任能够挖掘运用学习资源、挖掘调动家长资源、挖掘利用社区社会资源。第一，挖掘运用学习资源。在当前信息技术飞速发展的背景下，班主任应充分挖掘借助视频课程、文献资料、教育案例等优质资源，为品德教育、生命与安全教育、心理健康教育、家庭教育指导、阅读教育等提供可借鉴的资料支撑。第二，挖掘调动家长资源。充分利用家长的职业优势，邀请医生、警察、科技工作者、文化工作者等职业的家长成为班级客座教师，为班级课程建设提供师资资源。充分利用家长在不同岗位的相关条件，为班级教育活动提供场地资源和工具资源。充分利用家长的能力优势，参与班级标识文化创意、活动设计、活动准备和活动实施。需要特别注意的是，班主任调动家长资源，仅限于为班级建设提供支持，不能为个人谋取私利。第三，挖掘利用社区社会资源。班主任要重视挖掘学校所在社区能为学生课后活动提供的资源，包括利用社区资源设立课后活动场所，聘请课后辅导教师，请社区为学生提供志愿服务机会，组织学生维护社区公共设施设备等。

为形成"调动教育资源"能力，新时代中小学班主任要从建立良好人际关系、认识资源类型及内容、分析评价资源利用效果等方面加强自身修养。

首先，建立良好人际关系。良好人际关系是调动资源的基础，多替对方考虑是建立良好人际关系的基础。班主任要想具备足够的教育资源，首先就需要注重自己的修养，在与人交往中注意细节，多替对方考虑，注意自己的措辞、语气等表达方式，给对方足够的尊重和支持，与他人建立良好的人际关系。

其次，认识资源类型及内容。资源使用的前提是资源认识，要清楚哪些资源可以在班级建设中加以挖掘利用。班主任要具备开放的思路和创新的意识，不墨守成规，要积极主动地思考、寻找、整理可供班级发展的教育资源。班主任可利用的资源类型丰富多样，不局限于家长资源，还有地域资源、校内资源、社区资源等。用好学校所在地区的自然资源、红色资源、文化资源，用好班级家长中的模范人物、专家名人资源，用好校领导、学科带头人等校内资源，用好博物馆、图书馆、气象台、消防队、爱国主义和革命传统教育基地等场所资源。

最后，分析评价资源利用效果。教育资源重在挖掘，难在用好。班主任要把握教育资源的融入过程，评价教育资源的运用效果。一方面要加强教育资源引入班级建设活动时的过程指导，要在班主任的主导下与资源提供方协商，设立活动目标、确定活动流程、明确活动方式。另一方面要重视教育资源利用的效果分析，班主任可采取访谈法、观察法、问卷调查法等科研方法，对教育资源的使用情况及学生、家长的满意度进行评价，为教育资源的后续引入和使用积累经验。

第三章

新时代中小学班主任的核心素养
——班级建设能力

班级是学校教育教学的基本单位，是学生学习、生活、成长的重要环境，是班主任开展工作的重要载体。班主任因其身份、职责、工作时间和空间的特殊性，成为对学生实施"集体教育"的角色。班主任只有建设好班集体，才能发挥集体育人的功效，才能更好地促进每一个学生的健康成长。因此，班级建设是班主任的首要工作，班级建设能力是新时代中小学班主任的核心素养。班主任要善于通过集体建设，把班级建成有道德、有理想、有纪律、有凝聚力、有文化、有情感、有特色的班集体，进而通过对集体的教育实现对每个学生个体产生影响，促使学生通过集体中的交往、合作、共情等社会性发展，建立规则意识，学会自我约束，培养奉献精神，实现德智体美劳全面发展。

第一节 新时代中小学班主任的"班级观"

班级作为学生成长最为重要的教育场域，是落实立德树人根本任务的主体空间。班主任对班级的认识和所持有的带班理念，直接影响着班级建设成效。班级观，即班主任的教育思想和理念在班集体建设上的集中反映，是班主任对班级的基本认识以及指导自己带班实践的基本信念。

一、班级建设的核心是集体建设

班级是一个具有高度团结、高水平的整合能力、有集体主义倾向并且有高度组织能力的集体，是群体发展的高级阶段。在班级空间中，学生每天长时间生活、学习在一起，每个学生、每位教师的思想情感、行为表现都在潜移默化地相互影响，彼此渗透，进而形成一个有机统一的文化共同体。集体建设的实质，就是把由若干学生组合而成的松散集合，经过共同目标的制定、共同任务的设计、共同活动的实施，建设成为师生之间相互信任、同学之间相互友爱的、具有稳定协作关系的集体。

班级建设的核心是集体建设。班级首要的形象是集体，是社会组织，是每个学生参与其中并在性格、个性及社会性发展上深受其影响的教育组织。班级的功能在于集体的建设与发展，在于个人在集体中的学习、生活和社会化过程。班级不仅是学生学习生活的群体组织，更是具有极大教育意义上的班集体，体现了个人与集体、自己与他人、公民与社会的关系。新时代的班级集体建设，指向的是如何将班级从一个自然组织群体变成一个集体，并把集体建设成一个使其中的每个学生都能勤奋学习、愉快合作、健康成长的团队，使班级成为一个"团队化集体"。

新时代的班级集体建设，要培养每个学生作为集体一员的自觉和责任，培养每个学生学会与他人的沟通与合作，培养每个学生对完成集体任务和团队目标的认真负责态度，培养每个学生尊重、友善的价值观等。新时代的班级观，需要班主任在思维方式和工作方式上，重视发挥学生的自主性和主动性，重视学生问题解决能力的提升，重视学生之间的协商合作。

二、班级建设以信任关系为基础

班级是由若干教师和一群性格特征迥异的学生组合而成的，班级师生之间、生生之间的和谐共处、团队共生，需要以彼此信任作为基础。只有建立了信任关系，才能使学生对班集体产生安全感、信赖感、归属感和荣誉感，集体建设和班级教育才能顺利进行。

班级建设的信任关系，包括师生之间的信任关系。安全感是学生最基本的需求，因此，班级要满足学生的安全感。而学生最重要的安全感来自对教师的信任。当师生之间有了良好的信任关系时，学生才愿意向教师敞开心扉表达各种情绪和内心想法，教师才能有针对性地开展教育工作。为了赢得学生的信任，第一，班主任要敞开心扉，真诚对待学生，真心关爱学生。第二，班主任要换位思考，了解每个学生，理解每个学生，关注每个学生的内心世界，站在学生视角思考和解决问题，给予学生适性指导。第三，班主任要公平公正地对待每一个学生。教师与学生之间信任关系的建立依赖于日常教育教学生活中的每件小事。教师在处理一件看起来不起眼的小事的过程中，可能就会赢得学生的信任，也可能会破坏学生的信任，特别是不公正的教育行为，更容易导致教师失信于学生。

　　班级建设的信任关系，还包括生生之间的信任关系。一个良好的班集体不仅需要教师与每个学生之间建立信任关系，还需要学生个体之间建立信任关系。生生之间信任关系的建立离不开班级整体文化的建设，同时生生之间的信任关系又反过来影响着班级文化的形成。只有学生之间建立起信任关系，学生才能在班级中获得合作、互助、互补、共情、友善等社会性体验。当学生从教师以及同伴获得信任和被信任感后，学生对班级发展也会充满信任。因此，一方面班主任要营造民主平等的同伴关系，对所有学生一视同仁，当学生之间发生矛盾分歧时要秉公处理，不偏爱、袒护个别学生。另一方面班主任要营造友善尊重的同伴关系，教育学生对待同学要秉持理解包容的心态，友善待人、乐于助人。

三、班级建设重在集体价值观和集体文化氛围的塑造

　　集体意识是未来社会公民的重要素养，是成员对集体的认同态度，是所有成员所共有的对集体的信念和情感的总和。集体意识体现为集体成员按集体的行为标准要求自己，理解、认可、遵循集体行为规范，个人利益服从集体利益，对集体具有责任感和信赖感。中小学生集体意识的形成有利于培养集体主义和爱国主义精神，并逐渐形成良好的社会道德风尚。

　　班级是落实立德树人根本任务的基本单位，是塑造集体价值观和集体文化氛围的最为重要的场所。首先，新时代中小学班主任要充分认识集体主义教育的目的。集体主义教育的根本宗旨是培养集体主义者，引导学生逐渐形成对集体的荣誉感和责任感，能够认识到集体利益胜于个人利益。其次，新时代中小学班主任要深刻理解并践行集体主义教育原则。开展班级建设时，班主任要遵循尊重学生与严格要求学生相结合的教育原则，遵循制定集体发展目标的前景教育原则，遵循集体教育与个别教育相结合的平行教育原则。再次，新时代中小学班主任要形成清晰明确的集体价值

观，并通过集体教育传递给全班学生。班主任要通过集体教育活动和与学生交流沟通，逐步帮助班级学生树立起班集体共识，即全班学生所公认的对事物的对错、好恶、优劣等价值准则和评价标准，形成全班学生共同的价值观。最后，新时代中小学班主任要研究探索适合班级特色的集体建设发展方向。努力将自己的班级带成什么样子，是每个班主任必须认真思考的问题。新时代中小学班主任可从家庭建设、社会建设、团队建设三个不同角度研究设计班级建设的发展方向。一是从"家庭"的视角看待班级集体建设，其基础认知是把班级视为一个家庭，班级文化以"家"的温馨、心灵"港湾"为建设目标，规则和规范以"家风、家训"的形态呈现，即为"家庭隐喻"的班级观。二是从"社会"的视角看待班级集体建设，其基础认知是把班级视为社会的萌芽或社会的组成，强调通过制度、规则培养学生的规范意识，即为"社会隐喻"的班级观。三是从"团队"的视角看待班级集体建设，其基础认知是把班级视为一个目标明确的团队，班级是竞争中的集体，班级建设追求公平、合作、团结和荣誉，并强调集体个性的塑造与发挥，即为"团队隐喻"的班级观。不论是哪一种班级观，都需要班主任根据学生年龄特点、性格特征和班主任专业特长及个性风格加以深入研究，找出最适合班级特色的集体建设发展方向。

四、班级建设以促进每个学生全面发展为根本目的

班级作为学生学习、生活的载体，其建设最终指向的是促进学生的健康成长和全面发展。集体与个体是相互依存、互相促进的关系。个体推动了集体的形成，良好集体的建设也促进了个体的发展。通过在集体中与人交往，学生能够丰富自己的个性，形成完整的人格。借助班集体中的各种活动平台，学生能够展示自己的才能，在同伴学习中不断激发自己的潜能。在班集体良好氛围的熏陶下，学生能够体验到幸福、愉悦、美好，调

动学生乐于助人、与人为善等积极的社会性情感。

　　班级建设的最终目的是促进学生德智体美劳全面发展，使每个学生都能拥有正确的价值观，都能学会生活、学会学习、学会交往、学会规划，不断拓展自己的潜能。第一，班级建设有助于促进学生形成良好行为习惯和规则意识。班级建设与集体教育，能够引导学生形成正确的道德准则，并在班级教育活动中逐步自我内化，按照行为规范严格要求自己，逐步养成良好的行为习惯。第二，班级建设有助于促进学生关键能力和必备品格的形成。新时代中小学班主任务必认识到，培养德智体美劳全面发展的社会主义建设者和接班人是教育的根本目标，也是班级发展的最终目标。班主任要树立全面发展的人才观、科学的教育质量观和多元化的评价观，用多维视角观察学生，用多把尺子衡量学生，用多种方法教育学生，最终指向学生的健康成长和全面发展。第三，班级建设有助于激发每个学生的潜能。班级建设要为学生提供成长的机会，为每个学生的潜能发挥搭建平台。新时代中小学班主任，一方面要善于发现每个学生的长处，因材施教，帮助每个学生找到自己独特的生长点。另一方面要通过班级教育活动的创设，促使学生在班集体里彰显个性、释放潜能，在班集体中找到自己的生命价值。

第二节　新时代中小学班级建设的前提和基础

班级建设作为新时代中小学班主任的核心工作，需要系统规划与设计。班级建设规划和设计的内容，包括全面分析班级情况、确立班级发展理念、确定班级建设目标等具体工作，这些是班级建设的前提和基础。班主任只有做好这些思考与规划，才能有目的、有方向、有计划、有步骤地开展班级建设。

一、全面分析班级情况

开展班级建设的首要工作，是班主任对班级情况全面、科学、深入的把握，即班级情况分析。在掌握班级学生情况的前提下开展班级建设工作才是最有效的。新时代中小学班主任必须对班级学生情况进行全面了解和深入研究，并根据学生个体差异进行有针对性的适切教育，从而促使每个学生都能在自身原有基础上获得发展和提升，真正做到因材施教、因"班"施教。

（一）班级情况分析的内容

班级情况分析是指班主任对班级学生年龄特点、性格特征、学习态度、行为习惯、家庭环境等方面的全方位了解和分析判断。班级情况分析一般应包括对学生发展特点、学生家庭情况、学校及所在社区情况的认识和分析，有助于班主任根据班级情况确立班级发展目标，制定相应班级发展策略，充分利用家校教育资源，为班级教育活动的开展和良好班级氛围的创设提供资源支持。

1. 了解学生发展特点

班主任要分析班级学生发展特点。一方面，新时代中小学班主任要加强对不同年龄阶段学生的认知特点和发展规律的理论学习，包括小学低段、小学高段、初中阶段、高中阶段等不同年龄段学生的生理特点、身体机能、情绪状态、交流方式及思维特征等。对于未成年人认知发展理论的学习，能够为班主任开展班级建设工作奠定坚实的理论基础。另一方面，新时代中小学班主任要认真研究班级学生在价值观念、身心状态、学业水平、行为习惯、性格特点、兴趣爱好等方面的现实情况，包括每个学生的性格是活泼好动还是沉稳内敛，每个学生具有哪些方面的优势特长和问题不足等。

比如，班主任黄老师对本班情况做出如下分析：小学生正处于成长阶段，可塑性比较强，是培养正确世界观、人生观、价值观的关键时期。他们没有体验过民族生死存亡的苦难，没有经历过血与火的考验，又时刻面临着消费主义、拜金主义、功利主义的侵蚀，难以树立正确的理想信念。同时，由于物质文化的充裕，儿童在低年级时，大多不会劳动，丢三落四，事事依赖他人；到了中年级，容易逃避困难，没有上进心；进入高年级后，极易陷入各种"圈子文化"，进入精神的荒漠期。因此，班主任认为亟须结合家乡的山、水、名、物对学生进行价值观和品格塑造。[①]

2. 了解学生家庭背景

班主任要分析学生家庭环境背景。家庭是人生的第一所学校，是学校教育的基础和重要补充。为了促进学校与家庭的相互支持和协同配合，班主任需要细致了解班级学生的家庭背景情况。来自不同成长环境的学生都带有家庭环境的烙印，他们的思维方式、行为习惯、为人处世、性格特点

---

① 黄颖. 传承红岩精神，赓续红色基因 [J]. 班主任，2023（8）：9–12.

等都会受到家庭及家长教育方式的影响。因此，要了解班级学生，必须要深入了解学生背后的家庭，了解学生的家庭环境（包括物质环境、人际环境、学习环境等）、家长特点（包括学历、职业、对学生的关注程度）、教育教养方式（包括家庭教育的角色分工、家长与子女的沟通交流方式）等方面。

通过了解学生背后的家庭，班主任可以认识到学生问题背后的原因，为班主任开展班级建设和教育工作奠定基础。有班主任发现班级学生面对困难容易出现退缩、畏难情绪，自主性、自理能力较弱，通过对家长调研，发现学生家庭虽然能够为学生提供优越物质条件，但缺少目标引领，家长包办现象比较普遍，缺少指导儿童自主成长、独立做事的具体方法。于是，班主任在班级建设过程中重点从学生发展目标、生涯规划和行为习惯入手，培养学生的良好品格。还有班主任在接班时发现学生们在学习生活中习惯性地全面否定自我，将"我不行、我不会、我不要"挂在嘴边。班主任通过对学生的家庭情况的专门调研了解到，班级学生的家庭情况复杂多样，单亲亲子关系比较紧张。家庭结构的长期不完整让孩子们敏感多疑，并把自己封闭起来。这就需要班主任在工作中格外关注对学生自主能力和自信品质的培养。

3. 了解学校及所在社区情况

班主任要分析学校及社区资源情况。一方面，班主任要注意了解校情。班级作为学校教育教学的基本组成单位，是依托于所在学校发展的。学校的育人理念、文化积淀、教育资源等不仅影响班级的建设定位，而且也为班级建设提供各种资源。为此，班主任要分析校情、用好学校资源。比如，某学校是百年民族老校，少数民族学生占比很大，学校以"融和"文化引领民族特色建设，为此，班主任也把"融合"作为班级建设的指导思想，着力培养学生平等、友好、团结的品质；某学校是农村学校，学校有红色文化资源以及广阔的自然天地，班主任便利用这些资源帮助学生筑信仰、强体魄。

另一方面，班主任也要注意了解社情。社区的文化教育资源以及社会大环境是班主任进行班级建设的重要资源。班主任作为联系学校与社会的桥梁，不仅要着力于未来社会需要培养人才，还要关注当下社会的整体政治、经济、人文环境，进而为深刻了解学生做好铺垫。同时，班主任要有资源意识，可以广泛利用周边社区资源以及社会大课堂资源进行班级建设。班主任也可以帮助学生架起学校与社会之间的桥梁，使学生可以利用社会资源进行学习，并把自己的所知所学服务于社会。有的班主任根据社区需求，组织学生社团为社区提供志愿服务。科技社团学生在街道推广垃圾分类、开展植绿护绿；文艺社团学生参与街道节日展演、慰问孤寡老人，向居民们弘扬中华传统文化；教育社团学生先后走进故宫、首都博物馆、科技馆、自然博物馆等做志愿讲解员。

（二）班级情况分析的方式

班主任可以采用问卷调查、日常交流、文本分析等方式，通过与学生个别谈话、与学生座谈、与任课教师交流、家访以及与家长沟通等途径获取学生的学习状态、思想情况、意志品质、行为特点等诸多方面的综合情况，在班级建设工作中做到有的放矢。

1. 个别谈话

班主任可通过多种途径对班级整体情况进行全面了解和把握，其中与学生的个别谈话是常用的途径之一。在与学生个别谈话时，班主任要注意以下几个方面。第一，选择谈话时机。接手新班、学期开始时及学期结束前，是班主任开展个别谈话的主要时间节点。当班主任新接一个班级时，有必要与班级全体学生进行一遍个别谈话，全面了解每个学生的基本情况，包括性格特点、兴趣爱好、同伴关系、前期学习状态、自我期待等。在学期开始时与学期结束前，班主任也要与每个学生进行个别谈话，主要从目标定位、计划制订、努力措施、效果总结等方面与学生深入沟通。第二，采用恰当态度。班主任与学生个别谈话时，要注意谈话的态度、方式和语气。师生谈话应像朋友间聊天一样，和蔼亲切，不可过于严肃。谈话要坦诚、直率，语言有一定的幽默感。当学生说话时，班主任要耐心倾听，不插话抢话。师生双方最好能坐下来交谈，以此营造一种平等的氛围。第三，捕捉重要信息。班主任与学生个别谈话涉猎的内容广泛，不应仅限于学习，而应鼓励学生在性格、兴趣、理想、做人、交际、心理乃至自身的经历及思想发展等方面畅所欲言。班主任要根据学生提供的谈话内容，做好信息的捕捉、提取、分类和判断，为后续对学生的个别指导提供基础性资料。

比如，每当接手一个新班级，班主任陈老师都会把班级里的所有学生找过来，进行个别谈话，以轻松愉快的气氛烘托，和学生聊一聊他们的家庭、生活和学习上的酸甜苦辣，根据了解到的情况再针对学生因材施教。时间久了，学生和班主任便成了很好的朋友，有问题及时向班主任反馈，师生的心理沟通做到无障碍。[1]

2. 追踪观察

班主任作为班级建设的主导者和学生成长的人生导师，与学生接触时间最长。因此，在自然状态下，通过日常追踪观察分析学生情况，是班主任们比较常用的一种班级情况分析方法。班主任在对班级情况进行追踪观察时，要注意让学生保持在自然状态。一般情况下，学生的心理状况和个性特点会在班级活动中充分地表现出来，班主任能够从中观察分析出他们的兴趣爱好、情绪表现、行为问题、思想倾向等。了解他们的心理状态，不仅有助于班级建设，而且能够帮助班主任选择更加有针对性的、合理适切的教育方式，与学生共同解决班级问题。比如，有班主任开展"破冰"

① 陈耀. 深入了解班情，促进工作开展 [J]. 课程教育研究，2019，(30)：192.

主题班级活动，让孩子们打破隔膜，认同集体。班主任既是游戏的组织者，也是活动的观察者。在活动中哪些孩子开朗大方，愿意勇挑重任，愿意主动付出；哪些孩子腼腆内向但是心思细腻、动手能力强；哪些孩子沉默寡言，总躲在角落……。这些画面都被班主任记录在脑海中，进而发现每个学生的个性特点和优势特长。

3. 问卷调查

通过问卷调查了解班级情况，是班主任经常采用的一种了解班级情况的方法，其主要优点是操作简单，并且能够在短时间内获取大量信息，为班主任开展班级建设决策提供参考。调查问卷适用范围很广，可用于班主任摸清情况、了解问题、征集建议和反馈意见等班情分析工作。一是摸清情况。问卷调查适用于大面积的信息采集，特别适合班主任快速了解学生某方面的情况。问卷调查的对象既可以是学生，也可以是家长。比如，在新接班时，班主任要在很短的时间内了解学生前一阶段的各方面发展情况及家庭环境，就可以设计一份问卷向家长发放。二是了解问题。问卷调查法还适用于详细了解班级学生在某些方面出现的问题。比如关于科任教师反映的学生不完成作业的问题，班主任可通过问卷调查了解哪些学生、在哪些学科、不按时交作业的原因等，进而根据实际情况制定相应的作业规定。三是征集建议。班主任可以利用调查问卷，在做出某项决定或开展某个活动之前倾听民意，听取学生对班级管理和教育活动的建议，面向全班学生及家长征集方案，展开头脑风暴，群策群力，共商班级管理事宜。班主任可以根据问卷调查结果，整理出学生的建议供全班讨论，也可以采纳问卷结果中比例高的合理建议，并在此基础上制定班级管理方案。四是意见反馈。在班级建设过程中，班规和班级制度的执行，不只是班主任一人说了算，更要知道学生怎么想，要了解学生的感受和意见。因此，班主任可以采用问卷调查，了解班级制度实施过程中学生有什么感受、班规中有没有不合理的地方、哪些地方需要改进、具体的修改意见是什么等。

比如，班主任田老师在开学初设计一张调查表，在首次家长会上让家长详细填写相关信息，包括孩子的爱好、特点，家长职业、可以为班级提供的资源、家庭住址，家长对孩子的评价、期望，家长心目中孩子需要改变的地方。为了让每位家长知道怎么填，而且能够放心地填，班主任会在问卷中对家长容易产生歧义且比较谨慎的内容，做出详细备注，这样收集上来的信息才是有效的。[①]

班主任在设计调查问卷时，一般应注意以下几个问题：第一，调查问卷分记名与不记名两种，班主任要根据调查的具体内容决定采取何种问卷方式。实名制调查问卷，指向更明确，但学生回答可能有所顾忌，不一定能如实反映情况。如果班主任想要了解学生的具体情况以便进行个性化教育，应该采用实名制。如果班主任仅仅是想了解全班学生对某个问题倾向性的意见，或意识到学生可能会因署名而不敢真实回答时，则应该采用不记名的方式。第二，问卷的题型分为客观题和主观题。客观题答题快捷，学生比较喜欢，也比较方便统计结果。主观题能够获取比较多的信息量，但由于需要组织文字语言，部分学生可能会觉得比较麻烦，统计起来也存在一定复杂性。因此，问卷设计可采用客观题为主、主观题为辅的方式。客观题提前设置好比较全面的选项供学生选择，主观题则要在结果分析时更多地采用内容分析法。第三，问卷设计的问题要简单明了，指向明确。不要问一些模棱两可或者有歧义的问题，否则学生不好回答或者回答的内容并不是班主任需要的。第四，设计的问题尽量不带有明显的倾向性或暗示性，也不要问一些涉及个人隐私的问题。第五，在学生填写问卷之前，班主任要向学生清楚地说明问卷的目的，并强调提供真实信息的重要性。

比如，关于问卷题目的设置，如果班主任只是想泛泛了解学生的兴趣，可以简单地问："你对做什么事感兴趣？"那么学生的回答会是五花八

---

① 田冰冰.新手接班必做的七件事 [J].班主任，2016（5）：23—25.

门的。但是，如果班主任了解学生的兴趣是为了合理安排班级工作，给学生分配班级任务，那么就应该问得更具体一点，如"在班级工作方面，你对做什么事比较感兴趣？"或者"在班级事务方面，你对做什么事感兴趣？"，这样学生就明白老师为什么提这个问题了。[①]

4. 内容分析

通过文本资料了解班级情况，也是班主任在教育实践中经常采用的一种方式。文本资料既可以是学生之前的学籍信息，也可以是学生随时记录的班级日志，还可以是师生之间的个性化交流等。

借助内容分析的方法了解班级情况，有助于班主任透过文字看到学生的内心，从而更加真实全面地把握班级学生情况。班主任开展文本资料分析的内容及作用主要表现在：第一，沟通心灵。班主任可以与个体学生进行私信交流，以文字为沟通桥梁，创设恰当的方式，允许学生把心中的小秘密、生活中的小烦恼、获得的小喜讯、同学间的小矛盾、对家长的不满意等，都以私密的、安全的方式告诉班主任。同时，班主任也以心灵对白的方式，将教师的理解、感受、安抚和引导回复给学生，解决学生心中的困惑。有的班主任以"心灵本"为载体了解学生，通过分析学生在"心灵本"中记录的情绪低落、伤心、委屈、气愤的事情，诸如受到批评和误解、受到不公正待遇、考试没考好、与同学发生矛盾、不小心闯了祸、丢了自己心爱的物品等，及时对学生进行心理疏导，帮助学生解除烦恼。第二，日常指导。班主任可以创设班级日志、周记等形式，引导学生对日常学习生活进行定期总结，从中观察每个学生的思想动态和发展状况，适时提出班主任的建设性意见，并以此作为班级教育或班会工作的内容设计依据。第三，主题讨论。班主任还可以针对班级重大事务，组织学生展开讨论或提出建议，如期末复习的计划和方法，对班级活动的想法和方案，对科任

---

① 陈宇. 问卷调查法，掌握班情的重要抓手 [J]. 班主任，2015（7）：20–22.

教师和班主任工作的期望和建议等。班主任组织学生开展丰富多彩的活动：在"秀秀我们班"中发现班级优势，在"大家来找茬"中以漫画的方式画出班级存在的问题。这样的活动不仅有助于班主任准确把握班情，还能够使学生意识到自我与集体的关系。

二、确立班级指导思想

有了对班情的了解和分析后，我们建设班级，还需要一定的指导思想作为根据。班级的指导思想即带班理念，是班主任育人思想在班级层面的综合体现，对制定班级目标、开展教育实践具有根本性的指导作用，其贯穿于班级建设始终。带班理念科学、合理，符合育人规律，我们才能依据班情制定出符合学生的且符合规律的班级建设目标和系列班级建设策略。

班主任的带班理念主要来源于理论、政策和实践三个方面。其一是教育理论，班主任要掌握教育学、心理学、班级管理等相关专业知识，不断修炼自己的教育思想。其二是教育政策，班主任要把握党和国家教育方针政策中的教育目标和新时代要求，并将教育方针政策与理念建设相结合。其三是教育实践，班主任的教育理念不能脱离本班学生的实际情况，要在结合班情、学情的基础上制定有针对性的班级建设理念。有了这三方面基础，班主任提出的班级发展理念才是符合国家教育目标要求、遵循育人规律且切合班级实际的理念。班主任所带班级的班情不同，班主任个人基础不同，所采用的带班理念也是不一样的。要形成科学、合理的带班理念，班主任的学习必不可少。班主任要向教育书籍学习，向优秀班主任学习。

比如，潘老师接手一年级后，在如何将一群懵懂的孩子带成阳光正气的少年这一班级育人体系建设着力点上，将"蒙以养正"作为自己的带班理念。"蒙以养正"语出《易经》，意为儿童蒙昧幼稚心智未开，启蒙的方法应是施以正确的教育，培养正道，培养向善的纯正德行，这种以涵养正德为本的启蒙才是圣功。在这一理念指导下，潘老师设立了以养正为宗旨，从个体培养到团队建设，从格物致知到诚意正心，从认识小我到觉知他我的目标，并将这一教育理念根据不同学段特点分为低段正规、中段正学、高段正心三个层层推进的阶段。"蒙以养正"教育思想如一盏明灯，点亮了潘老师与孩子六年生命成长的美丽旅程。①

班级建设理念是班级建设中最核心所在，内含着价值观的建设，其所体现的价值观应贯穿始终，成为班级成员共同的价值追求，引领着班级和学生的长远发展。

三、确定班级建设目标

目标是一个组织的灵魂，组织依靠特定的目标来维持其存在，组织内部的一切活动也是围绕目标而进行的。在班级中，目标是班级组织建立的必要前提，没有共同的目标，班级组织就失去了方向的引导。有了目标，后期的班级建设才会有针对性和系统性，后期的班级建设的各要素才能围绕目标有序、有体系地进行和开展。

班级建设目标不仅要立足于未来的班级发展，更要立足于学生未来的成长。比如，有的班主任从班级建设角度将班级目标定位为"让班级成为学生自主成长的'练习场'""打造形散神不散的班集体""让教室成为学生自由呼吸的地方""共创有情、有序、有趣的班集体"等，有的班主任从育人角度将班级目标定位为"塑造有红色基因的时代新人""积极教育塑造坚毅品格""让生命在悦纳中感受幸福""引领学生诗意成长"等。

在目标制定阶段，班主任应基于对班情学情的了解和分析，制定适合班级发展的目标建设规划，同时，组织学生、任课教师和家长共同参与目

---

① 潘笑也. 蒙以养正：小学六年一贯制班集体建设实践探索 [J]. 班主任，2017（8）：9–13.

标制定，在研讨、交流和确定班级目标的过程中，增强参与者的责任感和认同感，使班级目标成为大家的共同约定、共同理想。班级共同愿景形成后，班主任还要带领学生、家长制定更为详细、可行的班级具体目标，将班级发展目标落细、落小、落实，细化到年、学期、月，细化到班级建设的各项工作中去。在目标实施阶段，班主任要给予学生自我管理、自我教育的空间，发挥班级所有成员的主体性，引导大家自觉为实现班级目标贡献力量。在目标成果检测阶段，班主任要不断反思班级目标的实施情况，对班级发展中的成绩即时肯定，问题即时解决，发挥正向引导和激励作用，促使班级成员不断完成阶段目标，从而实现班级发展目标。

比如，接手小学一年级学段的曹老师发现，每一个初入校园的学生都渴望班级像家一样温暖，渴望被老师关注，被同学喜爱，但有的孩子对学校充满了畏惧感、不安全感。基于这一学情，曹老师以"用儿童的视角理解和体会学生成长的内心需求"作为班级建设理念。基于学情分析和所确定的带班理念，曹老师从"温暖"着手建设孩子们成长的"甜蜜家园"。[1]

班级发展目标与阶段性目标是相辅相成的。班级发展目标相对抽象，是对培养什么样的学生的概括性表述，指明了班级发展方向。为了实现班级发展目标，班主任还要制定具体的阶段性目标，这样才能推动班级目标的实现。班级发展目标犹如"灯塔"，指引师生朝着共同的目标前进；班级发展阶段性目标犹如"航标"，给班级发展规划了发展轨迹，带领师生一步步朝着目标前进。当然，不管是愿景还是阶段性目标，其是动态的而非教条的，班主任可以根据实际进行动态调整和完善。

例如，白老师新接手一个重新排列组合的高二班级，学生们成绩优异、各具特色，性格类型各有不同，谁都不服气谁。为了让这个"散是满天星"的集合，真正成为"聚是一团火"的集体。白老师与同学共同分析

---

[1] 曹静.从"甜蜜家园"到"成长舞台"[J].班主任，2021（8）：9–12.

班级学生优势以及如何利用这些优势促进班级发展，在此基础上，把班级建设目标定为：共建一个"心有奋斗目标，人有奋斗热情，以凝聚力促奋斗力"的班级。师生共同制定了具体目标：首先，调动优秀的个体率先发挥主观能动性，让他们在集体中释放能量，发挥才能，实现自身价值，从而点燃其他同学的奋斗热情。其次，以个体带动集体，发挥集体强大的向心力，用集体带动个体。[①]

再例如，王老师将从"尊重自己、尊重他人、尊重万物、尊重规则"四个方面形成四尊式班级文化体系雏形。其中，"尊重万物"模块的教育目标是"尊物——尊重万物"，重点培养学生善待万物的品质，懂得与自然环境和谐相处的重要性，使学生在生活中养成低碳生活意识，不浪费、不破坏，积极参与保护环境的公益行动，自觉保护自然环境和生态平衡的习惯。梯级目标如下：一级目标（1—2年级）：爱惜个人物品（家庭财产），讲究个人卫生。二级目标（3—4年级）：爱护公物不破坏，自觉维护公物，不浪费资源。三级目标（5—6年级）：积极参加公益活动，自觉维护环境，对大自然心存敬畏。[②]

全面分析班情学情，基于班情学情确定班级建设理念，基于班情学情和班级建设理念形成班级建设目标，这是班主任开展班集体建设的基础和前提，体现的是班主任的规划思维和意识。新时代背景下的中小学班主任需要具备这种规划意识，着眼于学生健康成长的时代需要，推动特色班集体建设，以班育人，促进学生全面发展。

---

① 白雪洁. 树立青春理想　点燃奋斗热情 [J]. 班主任，2023（6）：12-16.
② 王怀玉. 用博物课程点亮学生心灯 [J]. 班主任，2017（6）：10-13.

第三节 新时代中小学班级建设的实践路径

班级建设的实践是实现班级发展目标、践行带班理念、形成教育共识的行为。班级教育实践体系主要包括班级组织建设、班级制度建设、班级关系建设、班级活动建设、班级文化建设和班级情感建设六大操作层面的内容。

一、班级组织建设

组织结构是组织内部正式规定的、比较稳定的相互关系形式。[①] 班级作为一种特殊的社会组织，是班级成员进行自我管理和自我教育的基础与载体。合理、健全、有效的班级组织能够使班级学生有序地分工合作，充分调动每个学生的积极性，一起努力产生协同效应，有效实现班级建设目标。

学校中有班级、学校社团、学生会、团（队）等组织，班级中有自然小组、兴趣小组、班级社团、中队、小队等组织。在相应的组织中，会有相应的自治岗位，包括班长、副班长、学习委员、小组长、中队长、小队长、社团团长、团（队）干部等；需要有相应的规章制度来维持组织的运作；还需要开展相应的活动来发挥组织的育人功能。这些都是促进学生成长的重要资源。

---

① 郑杭生. 社会学概论新修 [M]. 北京：中国人民大学出版社，2019：224，228，229.

　　班主任在进行班级组织建设时，首先要架构班级组织。架构班级组织时，要把握以下原则：第一，班主任要建立丰富多元且满足学生成长需求的组织。班级组织是培育学生的重要基地，学生在各种学生组织中能够发展自己的个性、特长和能力。班主任要让全体学生参与班级管理，为学生创造充分参与班级事务、体验不同岗位的机会。第二，班级组织中的角色是重要的教育资源。学生在不同的角色中能够习得领导与服从、协作与独立、规划力与执行力等。因此，班主任要认识到这些角色的教育价值，让学生在角色中培育互助、爱心、同情等品质。第三，学生组织运转是培养学生自主管理的重要契机。班主任要引导学生参与组织制度的制定、运转、评价和监督等。班主任一方面要发挥学生主体性，另一方面要积极引导，对学生进行相应的能力培养。

　　比如，高老师根据学生们的兴趣爱好，为每一个学生设计适合的岗位。班级中33名学生，每人承担一个岗位。推选6位核心"管理专家"作为"班主任助理"，承担班级卫生、学习、纪律、生活、宣传工作，每两周召开例会，查找班级存在的问题并及时提出改进对策。全班共分5大组，每大组设置"公物小管家""卫生小管家""礼仪小使者"各1名，分别负责本组的书包桌椅等物品摆放、卫生管理与语言行为文明等。班内成立多个"主题管理小组"，每组1—3人，如"后勤维护小组"，负责公物检查，及时将受损物品记录并报告给班主任助理，请校工叔叔及时维修。还有"午餐服务小组""同心圆金点子小组""科技创新工作室""消毒清洁小组"……各小组都有明确分工与职责。①

　　架构班级组织只是完成了班级组织建设的第一步，接下来最重要的是要让班级组织良性运转。班主任要对班级组织中的成员进行针对性培养和指导，尽快提升学生的责任意识、组织能力和领导能力，让班级更高效地

---

① 高妍. "同心圆" 的快乐家事 [J]. 班主任，2017 (12)：9–11.

运转。在培养过程中，两种方式比较常用。

第一种是建立机制，提前对学生进行专题培训。

比如，班主任陈老师为了便于学生理解、践行班级岗位，为学生制作了人手一份岗位说明书，每份说明书都包括岗位名称、岗位价值、岗位职责、岗位条件、岗位流程、岗位对接、岗位标准和岗位禁区八个部分。这一机制让岗位职责、流程和标准更加明确，学生借助这样清晰的岗位说明书可以逐渐在岗位上上手，而班主任也可以逐渐从琐碎的事务中抽身出来，退居幕后，更好地做班级建设和学生发展的指导者。[①]

第二种是过程中培训，在学生做事过程中或结束后，班主任或班干部对其进行即时指导、点评。

比如，学生进行各岗位竞聘上岗后，班主任吴老师对班长和各部门提出了"四个一"学年考核要求，即交一份策划、办一次活动、写一份成果追踪报告、做一次年度工作述职。在各部门开展工作过程中，吴老师都会应用 ORID 理论有效设计问题，帮助学生在岗位上有新的思考和行动。如，在班委会讨论各部门计划时，吴老师引导学生思考：（1）计划提到了哪些内容，涉及哪些方面？（2）哪个部门的计划好，你比较感兴趣？（3）这个好的计划有哪些优点，你认为好的计划应该是怎样的？（4）你将如何修改你的部门计划？通过这样的问题，让每一名学生都对自己所做计划的常规内容、创新工作、可行性进行有效评估，并进行阶段性效果评估。学生不断完善部门计划的过程，就是真实参与班级建设、班级管理的过程。在这个过程中，他们逐渐明确了要建设怎样的集体，也开始认真思考班级建设目标、发展方向、决策途径。[②]

在这两则案例中，班主任针对角色职责给予了细致的要求和指导，让

---

① 陈小敏.小小岗位说明书 班级管理大作用 [J].班主任，2022（1）：25—28.

② 吴爱兄.激发学生潜能，实现班级成长"链式反应"[J].班主任，2019（4）：9—12.

学生在岗位上进行了严格的"训练"，既锻炼了学生领导力，又提高了班级管理成效。

总之，班级组织中蕴含着丰富的教育资源，班主任要善于发现、开发和运用这些资源，才能把资源变为教育。

二、班级制度建设

班级生活需建立在一定的秩序之上，制度规范是班级生活的内在要求，是促进学生健康成长的必要手段。任何班级都是由个性、意志、惯习不同的个体组成，规章制度作为一种强制性力量，能够给学生提供规范自身行为的准则，在行为发生之前预期行为可能导致的后果，借以警醒、约束不良行为。班级制度表达了教师对学生的期待，规则背后的道德引领和情感引领，有助于形成班级的制度文化和价值共识，逐渐形成班级学生的行为准则和独特风格。

首先，制定班级制度前，班主任要引导学生充分认识到制定班级制度对于学习、生活的重要性，因为只有被学生认同的班规才能真正被遵守和执行；同时，要让学生民主参与制定班级制度的过程，因为学生参与制定班规的过程本身就是自我教育和达成价值认同的过程。

例如，李老师在制定班规前，通过做游戏引导学生建立规则意识。李老师以学生感兴趣的游戏作为切入点，和学生做"掰手腕"的游戏。李老师故意没讲规则，不仅有学生使用双手，而且是在手臂悬空状态下进行比赛的。这个环节的设置，旨在创设一个"无规则"的特殊情境，在学生提出"抗议"之后，老师和同学制定了规则，然后重新开始比赛。这样一来，学生明确了规则的必要性。于是，李老师顺势引出班级目前存在的问题，让学生讨论应该制定怎样的班规。①

在这个案例中，班主任不是立刻制定班规，而是创设情境，让学生体验制定规则的必要性。在刚刚组建班级时，如果教师一见面就给学生规定一套规则，很可能会引起学生的反感；如果教师引导学生自己认识到班级规则的重要性和必要性，学生就会主动制定和认可规则。

其次，班主任要对班级制度的内容有清晰的认识，一方面，班级制度要体现班级发展目标，与班级发展目标一脉相承；另一方面，班级制度是促进人生命发展的手段，而非凌驾于生命之上的约束机制，因此，班级制度内容要基于学生生命发展的立场。另外，班级制度内容要尽量体现可操作、可评价，以解决学生不知道怎么做或知而不行的问题。班级制度要基于生命发展的立场。

例如，班主任王老师围绕班级发展目标"让学生成为有温度的人"，制定了如下可执行的班级制度：（1）别人碰到你，或者你碰到别人，不管有没有错，都要说声"对不起"；（2）自己的事情自己做，别人的事情帮着做；（3）用小小的贴心，为别人制造惊喜（日常的帮助、节日的问候等）；（4）用自己的爱心，为班级（学校、家庭）等所在的地方创造价值；（5）外出活动结束后，要谢谢所有随行的老师和父母及其他提供帮助的人；（6）多鼓励、赞赏并帮助那些暂时落后的同学；（7）在你的能力范围内，做一个温暖的人。②

再次，班级制度要坚持学生参与的原则。《中小学德育工作指南》明确要求"制定班级民主管理制度，形成学生自我教育、民主管理的班级管理模式"。班主任要把制定和实施班级制度的过程视为学生自主管理班级的过程，坚持学生的主体地位，让学生参与决策班级制度的全过程，才能使

① 李响.班风乃"骨"也 [J].班主任，2018（10）：42-44.

② 王晓波."猫的国"的故事：用文化引领班级朝向卓越 [J].班主任，2017（2）：26-29.

制度成为班级成员共同约定和认可的准则。学生通过理解、讨论、实践、感悟各项班级制度，能够规范言行，学会过一种民主、平等、理性的班级公共生活。

例如，为了让学生参与班级制度制定过程，徐老师班级的制度产生经历了四个阶段。第一阶段：小组讨论，形成公约框架。先分小组讨论，再由全班商议确定，最后拟定课堂公约、健康公约、公共场所文明公约、自习公约、值日公约、环保公约、美丽公约等10个方面的班级公约，形成基本的公约框架。然后，用抽签的方式把10个方面的公约分配给10个小组，每个小组负责一项公约内容的起草拟定。同时，要求各小组在规定时间将拟定好的公约上交给电教员。第二阶段：创建论坛，上传公约，培训操作。由班里的电教员负责创建班级论坛，并将10个小组上交的公约初稿发到论坛上。第三阶段：回帖讨论，小组修改。要求每个学生对每个公约至少发表一条评论，可以点赞或指出公约的优点，也可以指出不足并提出修改建议。之后，各小组根据学生们的评论对本组拟定的公约进行修改。第四阶段：修改稿再审，签字通过。各组将修改后的公约打印出来，在全班传阅，由全体学生进行复审，签字通过。"班级公约"经过一个月的孕育，正式诞生！[①]

在这一案例中，班主任调动全体学生积极性，让他们共同参与了班规的制定，经历"制定公约框架—小组认领—小组完善—相互提出修改意见—小组修改—再完善—定稿"的过程。班规制定过程看似用时比较长，但实际上是学生认同班规的过程。为学生后续执行班规奠定了很好的基础。

班级制度制定后，班级制度的运作过程是其实施成效的关键。班主任如果不注重过程，不把班级制度的实施执行贯穿于班级文化和日常生活

---

① 徐欣悦. 班级公约诞生记 [J]. 班主任，2017（2）: 25–26.

中，班规就会成为一种摆设。在班规运作过程中，班主任需要坚持几个原则。第一，班主任应以身作则，成为班级制度执行的表率，发挥示范引领作用。第二，班级制度是全体学生经过讨论制定的，因此，执行过程中就应该维护班级制度的权威性，在班级营造一种遵守规则的氛围。第三，应以关爱学生为本。我们应该维护班规的权威性，把班规作为制约学生行为的标准，但制定班规的最终目的是促进学生成长。班主任要遵循学生成长规律，以学生发展为旨归实施班级制度。因此，班主任在执行班规过程中，要对班级中的特殊学生给予更多的关爱和指导，引导学生对出现错误的同学多些支持和帮助，而不仅仅是拿"班规"作为评判同伴的唯一标准。班主任要以规则为准绳，以情为润泽，建立起互助友爱的集体氛围，实现制度的内在育人目的。

推动班规落实有很多途径，为了使学生对班规内容了如指掌，并且真正落实在行动上，班主任可以通过以下途径开展工作。例如每月专题式推进、与学生一日生活结合、与评价机制结合、与班级核心价值观结合等助力班规的落实。

比如，有班主任从纪律、学习、礼貌、卫生、劳动五个方面制定了规则。为了促进班规落实，制定了量化评比制度。在量化评比中，经过层层评比，优秀学生就脱颖而出。这种方式使学生理解了班规，强化了好习惯，而且很受学生欢迎。

在班规运作过程中，总会有学生触犯规则的情况发生。那么，如何应对学生违反规则的事情呢？其中，后续强化学生行为的奖励、惩戒制度是班主任们比较常用的。班主任在运用这些后续强化手段时，要注重学生的成长性，注重激发学生的内部动机，并使其最终变成自发性行为。我们经常在实践中见到类似这样的惩戒制度："班级卫生小组负责制，假如这个小组值日卫生被扣分，那么这个小组就会一直值日，直到不被扣分为止；个人负责制，如果某同学因为自己岗位职责没有做好被扣分，那么这位同学就要连续值日一周。"大家可以想象一下，大家慑于"被惩罚"，班级卫生可能会一时有效。但在这样的制度环境中，学生们更多的是停留在"害怕"层面，而非出自内心。假想我们生活在这样的班级里，每时每刻头顶上都会罩着一个一不小心就会被惩罚的"紧箍咒"，甚至一不小心就会连累组员以致被组员嫌弃。在这样的班级里生活，何来安全感？何来教育性和人文性？同时，这样的班级制度也会滋生出其他的问题，比如撒谎、欠缺责任心等。对于惩戒，我们接下来再看一下另外一位班主任的做法。

　　"当学生犯错误时，我一般都会引导学生学会原谅和宽容，但坚守'事不过三'原则，一旦超过三次，就实行'三步走'。第一步：约谈，引导学生自省：发生了什么事？接下来应该怎么办？第二步：行动，21天养成一个好习惯，获得'特别关注'资格，由轮流值日的班级小监督员帮助改正，养成习惯。第三步：认证，21天坚持下来的学生，获得一次全班点赞的机会，可以选择自己喜欢的奖励。"[①]

　　这位老师的惩戒措施遵循了学生的身心发展特点和规律，立足于促进学生成长和发展这一目标。其考虑到学生成长的反复性特点，所以会引导学生学会原谅和宽容；考虑到学生成长的发展性特点，这位老师的惩戒不在于惩罚和威慑，而在于引导学生成长，所以才会有"三步走"战略。在"三步走"中，我们发现"三步走"呈逻辑递进趋势，而这逻辑递进趋势背后反映的是老师对学生成长规律的尊重。从约谈，让学生认识到问题所在，并尊重学生主体，让学生反思后续改进；到行动层面，引导学生在实践中、在行动上如何坚持改进行为，养成习惯；再到认证，让学生认识到"我能行"，让学生有成就感，激发学生积极上进的情感和意志。在这种惩戒条例背后，我们看到的是教育性和人文性，而非强制性。

---

① 施珍梅. 让梦想在激励中开始 [J]. 班主任，2016（10）：43-44.

三、班级关系建设

人际关系指人们在人际交往过程中结成的心理关系、心理上的距离。班主任、任课教师、学生和家长等因班级发展和学生成长而构成了富有教育意义的关系网络，只有发挥各方力量才能更好地促进班级发展和学生成长。因此，班主任作为班级负主要责任的教师，作为班级活动的组织者和协调者，作为家校合作的桥梁和纽带，应把建设和谐的班级人际关系作为一项重要工作。

班级是学生重要的集体生活组织，学生是在同伴交往、师生交往中建构起对自己的认知的。班级关系建设旨在建立和谐的人际关系，进而形成育人共同体和成长共同体，形成积极良好的情绪情感氛围，进而让积极的情感关系包裹着群体中的每一个个体，从而让每一个人在班级中获得安全感、信任感和自尊感。

第一，班主任要建设亦师亦友的师生关系。班主任作为与班级学生接触时间最长的教师，不仅是传道授业解惑的师长，也应当是取得学生信任的知心朋友。班主任建立良好的师生关系，要全面了解班级内每一个学生，深入分析学生思想、心理、学习、生活状况，做到沟通有针对性；要关心爱护全体学生，平等对待每一个学生，尊重学生人格，做到沟通的平等性；班主任要采取多种方式与学生沟通，做到沟通方式的丰富性。班主任建立良好的师生关系，不仅要善于与每个学生沟通，关心每个学生成长；而且要善于利用班级活动、通过班级文化建设来建立良好的师生关系，发挥群体效应。

比如，郑老师用真情倾听架设与学生沟通的桥梁。倾听就是耐心地听，认真地听，让对方自由地、轻松地表达。它表示一种态度，一种尊重。聪明的老师与其做个高明的说者，不如做一个高明的听者。那么，如何说孩子才肯听？如何听孩子才肯说呢？亲子教育专家阿黛尔和肯伯利的研究表明：倾听孩子——一是全神贯注地听，代替心不在焉。二是用"哦……""嗯……""这样啊……"来回应孩子的感受，代替提问和建议。三是说出他们的肯定感受，代替否定感受。四是用幻想的方式实现孩子的愿望，代替我们的指导。郑老师用这种方式倾听学生，发现学生果然愿意听她说了。[①]

同时，班主任要把握住关键时间节点和教育契机，比如建班初期、学生遇到困难时等，开展师生关系建设。把握住合适的教育时机建设师生关系，往往会起到事半功倍的效果，激发出有力的教育能量。比如，有的班主任在开学第一天，会亲手送给每个学生班主任自制的带有学生姓名的私人订制书签，以及一封基于家访、对学生予以夸奖和期待的亲笔信。有的班主任会送出伴手礼作为与学生的见面礼来表达对学生的欢迎，并且把每一份伴手礼都赋予美好的意义。比如，"快乐记录笔"——希望学生每一天都能在学校书写着自己的点滴进步；"轻松消一消"——每个人都会出现错误，改正了就是好样的；"动手记一记"——希望在学校的每一天都能有所收获，通过自己的努力让自己的人生变得更加丰富多彩。通过这些礼物，拉近班主任与学生之间的心理距离，让学生对班主任充满信任，从而建立良好的师生关系。

第二，班主任要建设团结友爱的生生关系。同伴是学生成长的重要影响因素和成长资源，良好的生生关系能为学生个体提供有力的心理支持，也有助于班级积极文化的形成。班主任要培养学生相互包容、尊重、欣赏等意识和品质，形成学生相互理解、信任和支持的班级氛围。班主任可以将"包容、尊重、欣赏"核心价值观融入班级制度，并开展相关的班级教育活动，让学生在活动中认识到每个人都是不同的个体，不能因他人"弱

---

① 郑丹娜.全接纳·慢引导：心灵的教育 [J].班主任，2013（1）：9-13.

小"或"不同"而排挤同学，从而增进同学之间的交往与合作，形成良好的生生关系。有老师将"待人真诚""做事尽力"的价值观融入班级公约，让学生明白：在集体中，生生之间、师生之间的交往都要相互尊重、真诚友善；集体中的每个人各有所长，要尊重每个具有差异性的个体，共同努力才能让集体发光发亮。

班主任孙老师为了使学生们都能尊重并欣赏他人的独特，促进集体融洽关系的建立，在教室中布置了一面特殊的"丑丑墙"。在这面墙上，每个人都能大方地接受来自同学、家长和自己的表扬词语。这些书写在纸上的表扬词语，让学生们更加欣赏自己；而一张张奇特的脸，使学生认识到了独特的美好。在笑声与"相互嫌弃"中，学生们懂得了互相欣赏，拉近了彼此之间的距离。①

第三，班主任要建设合作互助的师师关系。在全员育人背景下，教育主体由班主任走向教育群体。班主任作为班级教师育人集体的核心，要与其他教师以诚相待，加强沟通协作，形成育人合力。班主任要主动与任课教师沟通，为任课教师间搭建交流与合作的平台，多角度了解学生成长的需要，分析学生成长的问题，科学有效地助力学生全面发展。此外，学校社团教师、德育干部、心理教师、卫生保健教师等也是全员育人不可或缺的重要力量，班主任要积极地寻求他们的支持与协助，共同促进学生健康成长。有班主任结合教学内容，借助各教研组联合备课，创新设计"学科融合"作业。语数教研组精心设计了个性化作业，使学生能够以不同的视角看物体，并用生动细致的语言表达出来，从理性与感性两方面体会"观察"；英语、数学教研组教师设计让学生动手做月历作业，通过推理找到不同的月份所对应的天数，再结合英语选择自己生日所在的月份制作月历。

第四，班主任要建设将心比心的家校关系。班主任与家长是具有共同

---

① 孙健权."好关系"养成记 [J]. 班主任，2019（7）：9–11.

的教育目标和教育责任的伙伴关系，家校合作的目的和归宿是让孩子成长为完整、丰富的人。班主任可以通过以下路径建设良好的家校关系：第一，通过班级文化建设来建设家校关系。家长与班主任因为孩子建立起了彼此之间的联系。因此，学生是家长获得班级以及教师信息的重要渠道，如果学生在班级里有幸福感，那么家长就会信任班主任，而信任是建立良好关系的前提。为此，班主任一定要注重班级建设，以此增进家校关系。第二，通过建立家校沟通机制来建立良好的沟通渠道，比如，通过家长委员会、家校沟通信箱等建立家长与教师沟通的机制。第三，建立畅通的沟通渠道，通过家长会、家长开放日、家长志愿者等让家长参与班级及学校活动，让家长了解学校以及班级。第四，建立家长培训机制，通过家长讲座、家长沙龙等对家长进行相关培训，为家长提供家庭教育指导，使家长与学校形成共同的育人理念，从而形成教育合力，促进学生健康成长和班级发展。

比如，为调动家长的积极性，形成班级教育合力，郭老师开展了以下探索与尝试。第一，家长日记促进成长。父母用日记的形式记录孩子的成长点滴、育儿心得、困惑以及思考，日有所记，记有所得，得有所悟，悟有所思。通过不断观察、记录、思考、反省、感悟，不断提升、完善自己，与孩子共同成长。第二，家长讲座拓宽视野。每周邀请一位学生家长到学校为学生举办讲座。第三，亲子共读彼此鼓励。通过共读，父母与孩子共同学习，一同成长；通过共读，父母创造与孩子沟通的机会，增进孩子与父母之间的亲情。第四，特别奖励互相感动。请家长为孩子颁奖，这对孩子是一种别样的鼓励，同时，定期在班级评选"优秀家长"，并召开隆重的颁奖大会，让孩子给爸爸妈妈颁奖对家长也是一种非常好的激励方式。第五，家庭运动其乐无穷。在班级开展各种有趣的体育运动的同时，郭老师把运动扩展到孩子们的家庭中，通过家长QQ群宣传、评选优秀家长、评选"特色运动家庭"等多种方式，让父母认识"家庭运动"的重要性，陪伴孩子开展一些有益于儿童成长的运动。第六，表率垂范显奇效。引导家长要做孩子的表率。[①]

四、班级活动建设

活动是学生思想品德形成和发展的重要基础，是实现班级目标、培育班级共同情感、提高班级凝聚力的重要载体，贯穿班级建设的始终。陶西平先生曾说："如果说学生的健康成长是一条线，那么好的活动就应当成为一个个精彩的结点。"[②] 因此，班主任在班级建设中要特别重视班级活动的设计和实施。

其一，在开展班级活动时，班主任要树立整体规划意识。班级活动的整体规划有助于发挥"组合拳"的力量。班主任在针对活动做整体规划时，应以班级发展目标或班级核心价值观作为引领班级活动整体规划的灵魂和主线。有班主任针对学生"目标追求有待挖掘、自律能力有待优化、学习能力有待提升"的现状，规划了三个系列活动：通过开展"逐梦"系列活动，培养学生成为有人生追求、有正确目标的有志"志成人"；通过开展"自律"系列活动，培养学生成为具备自律能力、具备坚毅品格的有法"志成人"；开展"研学"系列活动，培养学生成为具有学习能力、具有丰富知识的有识"志成人"。

其二，在设计班级活动时，班主任要注重资源开发。教师应从教育实际出发，结合身边丰富的自然资源、生活资源、教学资源、学校资源、学生资源、家长资源、社区资源等开展活动。学校都有学年、学期德育活动规划，并且会以时间脉络下发给教师。班主任要认真研读学校德育活动计划，并结合班级文化以及班级育人目标，尝试把学校活动与班级活动结合起来。这样一来，不仅可以提高学校活动的实施效果，还可以丰富班级活动。教师除了利用学校搭建的平台外，还可以根据班级自身发展规划和资源，开发班级特色化、系列化活动。这些活动可以成为班级"独一无二"的标志活动，也可以成为锻炼学生、凝聚学生的独特舞台。班级里的资源处处都是，如学生个性特长、家长职业、学校活动、传统节日纪念日等。教师如果没有资源意识，不善于开发、挖掘资源，就难以系统、深入地开展班级活动。

比如，康老师注重挖掘家长在开展活动方面的优势，发挥他们的疏导、支持、配合作用。康老师举办"百家讲坛"，邀请学生家长开设讲座，如邀请在区消防大队工作的家长为学生讲解消防安全知识，提高学生自我保护能力，邀请做心理医生的家长和学生聊聊"青春期的那些事儿"，策划拍摄班级合影，邀请有摄影专长的家长帮忙拍摄和修图，学生和家长一起准备服装、制作道具、设计动作造型，制作专属于自己的"青春纪念册"。①

再如，白老师注重利用自然资源设计班级活动。一年级时，孩子们通过投票的方式，选出了这学期最想行走的地方，班级便开始了独属于蜗牛班的"读城记"。到了三年级，班级开启了"读城"的12个地图主题学习。第一个主题学习来自学生的选择"食地图"。师生在色香味俱全的美食中开启了读城之旅，比如，走进川菜博物馆，探究川菜的历史和渊源，向厨师学厨，研究川菜"一菜百味"。在"读城"的过程中，孩子们萌发了让城市变得更好的想法，并一点点付诸行动。他们发起了一个了不起的暑期倡议——"让家的一公里变得更美好"，倡导成都市的青少年利用暑期从家出发，在方圆一公里范围内，去发现城市里有什么需要改变的地方，然后用

---

① 康茜. 让成长不负时光：以活动促班级建设的实践探索 [J]. 班主任，2021（1）：9-12.

行动去尝试改善。①

上面案例中，白老师利用当地社会资源，带着学生开启了"读城记"的系列活动。这样的活动作为班本课程，把校内课堂与校外生活连接了起来，不仅满足了学生好奇心，让学生了解自己生活的城市，也通过从低年级到高年级系列的活动，逐渐让学生从了解城市到参与城市的建设，使班级生活变得有滋有味了起来。

其三，在组织和实施班级活动时，班主任要注重发挥学生主体性，把活动的设计、组织与实施以及活动后反思的主动权交给学生，让学生成为活动的主体，班主任的角色定位更多是引导者。在开展班级活动时，尤其是集体属性比较强的活动时，班主任要尽可能保证全体同学的参与，让每个同学在活动中感受到自己是班级不可缺少的一分子，从而增加班级凝聚力，同时也有助于增加同学之间的情感，帮助学生树立"每个人都很棒""每个人都很独特""每个人都不可缺少"的价值观。同时，班主任要引导学生深入挖掘每个活动背后的意义和价值。

比如，白老师的班级目标是"岗位人人担当，活动人人参与"。每个学生都可以参与班级管理，不论是班级环境布置，还是每一次活动的开展，班主任都把主动权交给学生，让他们来商讨和决定。班主任给自己的角色定位更多的是指导者与组织者，并随时关注、强化学生的主人翁精神。在策划班级活动时，敏锐地捕捉各种资源为活动所用。在开展活动前，白老师会和学生一起制订活动方案，把要做的事情一件件写下来，并按活动前、活动中、活动后进行分类，责任到人，责任到一个团队，实现了活动的有序开展。②

班级活动是建班、育人的重要载体。优秀的班主任一定是善于开展各种活动的班主任。案例中白老师发动学生的主体性，设计系列班级活动，

① 白雪.让班级成为一个村庄：蜗牛班的班本课程 [J].班主任，2018 (2)：9–12.
② 白露.在活动中追求生命的真实成长 [J].班主任，2015 (4)：11–14.

并围绕每一次活动挖掘背后的教育意义，让学生在活动中感悟、在体验中内化其教育性。

五、班级文化建设

班级文化是班级成员经过共同生活而形成的活动方式及其所创造的成果。可以说，有怎样的班级文化就意味着过怎样的班级生活。生活德育理论指出，德育与生活具有本体统一性。"生活是德育的场域，德育必须基于生活，在生活过程中，德育的目的也是为了生活。"[①] 对于共同体生活来说，道德是其内在规定，道德教育就内在于生活中。因此，班主任要借助班级文化建设，培植学生正确的价值观，追求一种有道德的、高品质的班级生活，从而实现文化育人。

（一）班级物质文化建设

班级环境是班级建设的外显性载体，班级是学生在学校最主要的"生活世界"，班级物理空间的形态对学生的精神世界影响巨大。

班主任在进行班级环境布置时，要体现以下原则。一是价值性原则。班主任要结合班级核心价值观、班级文化标识进行环境布置，使教室环境自然而然地成为传递班级核心价值观的载体。二是教育性原则。环境布置的目的服务于学生的成长，所以，教师在对教室环境进行布置时，一定要站在学生角度，思考如何让环境布置的教育意义最大化。三是开放性原则。学生是教室的主人，因此，教师在环境布置时，要给学生参与环境布置以及充实、补充、完善环境空间布置的机会，使环境文化处于动态中，

---

① 冯建军."德育与生活"关系之再思考：兼论"德育就是生活德育"[J].华中师范大学学报（人文社会科学版），2012，51（4）：132–139.

还能使学生与教室环境进行一定的互动，让教室成为学生自由发展、健康成长的乐园。四是审美性原则。教室作为师生共同生活的、最主要的空间，所以在视觉上应该强调审美性，给师生一种愉悦的感受。

比如，王老师在进行班级环境建设时，以班级核心价值观"竹文化"为引领，以"竹"为主题进行班级环境建设，整个班级环境都围绕绿色进行设计。养的植物以各种竹为主，发挥学生的主动性，让学生进行培植和呵护，既净化、美化环境又可以培养学生的责任心。教室内围绕竹选择诗歌、图画等进行布置，让学生浸润其中。除此之外，利用手工课，让学生完成各种竹工艺品，并将学生的手工作品陈列于教室内，调动学生的积极性。在黑板和墙面上，还布置"竹之星""竹之娃"等评比栏。[①]

（二）班级精神文化建设

班级精神文化建设是班级文化的核心。班级精神文化是一个班级本质、个性和精神面貌的集中反映，是班级所具有的"归属"意味的重要来源。

班级精神文化的核心是价值观建设。主要通过班名、班训、班歌、班徽、班风学风等来呈现。价值观是班级成员在共同生活中所形成的公认的价值追求，影响、制约、规范着每个学生的言行。班主任要通过设计班级文化标识、开展多种形式的班级活动等方式将价值观教育深入班级生活的土壤，引导学生树立正确的价值观。

班级文化标识是体现班级精神文化的外显性载体，是班级文化可视化的"旗帜"。通过班名、班歌、班徽、班级口号等外显的班级文化标识，可将班级精神显现出来。班级文化标识能凝结、表达班级愿景和班级核心价值观，在整个班级形成一种精神磁场，对学生发挥潜移默化的价值引领作

---

① 王志刚.班级环境文化建设的实践与创新[J].班主任，2018（1）：24–25.

用。班级文化标识一般包括班名、班训、班徽、班歌等班级精神标识和班旗、班服、班刊等班级物质标识。在制定班级文化标识时，班主任要把握以下两个原则：第一，基于班级发展目标和班级核心价值观制定。班级发展目标、班级核心价值观是班级建设的"魂"，班级文化标识是班级核心价值观的物化载体，因此，班级文化标识的建设要立足于班级的"魂"。第二，要充分调动学生和家长参与制定班级文化标识的积极性，在参与讨论、制定的过程中，达成共识，形成归属感。

比如，焦老师基于"建设家一样的班集体"这一班级建设目标，让家长和孩子共同参与、策划，开展班级文化标识建设。焦老师经过集思广益，思量斟酌，最终商定班名为"快乐家庭"，代表孩子们在这个大家庭里快乐、健康地成长。接着，引导大家依据"家"的寓意设计班徽，选取书和笑脸的图案，把房子的烟囱换成蜡烛，用来代表老师，明确表达出了班名的精髓。《快乐拍手歌》成为我们"快乐家庭"的班歌。[①]

在上面案例中，焦老师组织所有家庭参与了班名、班徽、班歌的设计。"快乐家庭"表达了教师、学生、家长对班级文化的期待——带给每个孩子童年的快乐。在班级标识创建过程中，学生、家长以及教师就达成了共同的育人目标、明确了班级核心价值观，这本身就是建班之初最重要的教育过程以及家校协同育人的过程。在起始阶段，家校、师生思想的统一为后续班级活动的开展奠定非常好的基础，也营造了积极的班级氛围。

班级文化标识确定后，班主任要借助班会等契机，不断解读标识内涵，挖掘班级文化标识背后所蕴含的教育意义和价值，并在后续的班级活动中不断渗透班级文化标识，使班级文化标识成为润物无声的教育资源。

比如，某高一班起班名为"火箭"，班级精神（"火箭"的 5 个义项）

---

① 焦忠宇.建设家一样的班集体：小学一年级新生集体意识的培养策略 [J].班主任，2018 (3)：42-44.

分别为：一飞冲天（志向远大）、天际翱翔（自由自信）、零件一个都不能少（共同进步）、一鸣惊人（默默耕耘）、探索未知（好奇新鲜）。为了加深学生的体验，班主任开展"对班级精神的理解及表达"与"行为冲突呈现"两个活动。在"对班级精神的理解及表达"活动中，班主任将全班分成5个小组，要求每个小组用全体成员的身体作为主要道具，以1至3幅静态画面呈现对班级精神的理解。在"行为冲突呈现"活动中，选出6至8名擅长表演的学生，就大家认为的最难捉摸、最感虚无的一个班级精神来设计一个场景。在学生对班级精神充分理解的基础上，班主任提出：班级精神的五个义项将依次成为每个月的"班级主题"，并由原表演小组负责设计当月的班级活动。如9月的班级主题是"一飞冲天（志向远大）"，故整个9月班级的活动与建设都围绕"志向（理想与目标）"进行。[①]

上面案例中，最值得关注的是班主任李老师引导学生强化对班级精神理解的举措。很多班级有制定班级标识的过程，但却缺乏对班级精神的进一步强化。如果缺失了对班级精神的强化，那么，前面的制定过程就会失去价值。在案例中，李老师引导学生通过表演的方式理解"火箭"精神的内涵，并且对学生不太容易理解或者说生活中容易出现的一些情况，通过情景表演、辩论的方式，帮助学生形成正确的价值认识。在对班级精神充分理解的基础上，把引导学生把班级精神贯穿在班级管理及建设中，使学生在日常班级活动中不断践行班级精神。

比如，陈老师在"书香班"的班级建设中，首先建立了书香文化体系：（1）确立书香文化系统。用"爱上阅读，书香最美"为班训，在这个精神内核之下，以"书香班"做班名；用《蜗牛》做班歌，歌词集体改编，突出"勤于阅读实践，勇于向上攀登"的书香班信念；用"书香小组自治"的形式进行班级组织管理，确立了七个小组，以小组制组织活动；用《论

---

① 李永强. 三次起班名的启示 [J]. 班主任，2018（11）：14–16.

语》中的"君子周而不比，小人比而不周""君子耻其言而过其行"等22条作为书香班班规；用"常去运动馆和图书馆""和他人讲话时不随意打断别人"等12条作为书香班级成员的修身宝典。（2）确立书香阅读目标。"书香班"的日常阅读活动以"建设班级图书角—有序阅读和定量阅读—积极阅读评价"的架构来实施。（3）确立书香评价系统。结合"书香班"的文化内涵，在班里实行了独特且多元的评价活动，如读书演讲、作文比赛、阅读小报制作、微电影、角色扮演等。其次，在此基础上开展了一系列具有"书香班"文化特色的实践活动，如一张"阅读成绩报告单"、两次人文行走、三张"明信片"、四大班本课程等，与学生一起将"书香"的内涵具体化。①

陈老师通过建立书香文化体系和一系列班级活动，不断渗透班级书香文化的精神内核，多维度激发学生的阅读兴趣，将文化育人的力量注入学生的精神世界。

六、班级情感建设

情感是人类精神生命中的主体力量②，在人的成长历程中发挥着一种全息性的作用。在班级建设中，情感发挥着贯穿班级建设始终的"催化剂"作用。鲍曼认为，共同体是一个温暖而舒适的场所，一个温馨的"家"，在这个家中，我们彼此信任、互相依赖。③而情感就是增进班集体的信任感、维系亲密人际关系最重要的纽带。因此，班主任要积极构建一个具有丰富情感的班集体，使其成为师生成长的精神家园。

---

① 陈明梅.文化浸润，书香育人："书香班"文化建设的实践 [J].班主任，2019（2）：9–13.

② 朱小蔓.情感是人类精神生命中的主体力量 [J].南京林业大学学报（人文社会科学版），2001（1）：55–60.

③ 鲍曼.共同体 [M].欧阳景根，译.南京：江苏人民出版社，2003：5.

　　首先，师爱是情感建设的基础。师爱是教师对学生的爱，它是在教育实践中形成发展并体现出来的教师乐于与学生交往、真诚关心爱护学生、主动为学生发展投入的积极情感。[①]教师一切的教育活动无不以爱为基础，教师只有付出完整的师爱，才能深入体察学生的内心世界，走进学生的心灵。同时，师爱也能够使学生学会接受爱、给予爱，进而巩固整个班集体的亲密人际关系。

　　比如，一年级孩子经常会遇到各种小困难，而班主任工作繁忙，往往顾不上听孩子细说。郎老师在教室放置了一个小屋形的信箱，称之为"知心屋"。孩子们有什么心里话，可以写下来放进"知心屋"里。每天孩子放学后她都会打开"知心屋"，认真阅读每一个小小的诉说，给予回应或者帮助解决。"知心屋"让孩子们感到老师时刻和他们在一起，每一个孩子都是被关爱的。在班级氛围的带动下，孩子家庭中也出现了"亲子信箱"，家长们通过书信的形式与孩子进行爱的沟通。[②]

　　其次，班级日常生活是班主任进行情感建设的重要场域。班主任承担着班级日常管理、学生适性指导、教育沟通协调等诸多工作，不仅要关心学生学到了什么，学的结果怎么样，还要关心他们的情绪状态，为学生提供支持性的情感环境。不仅要关注班级整体情感状态，更要关注每一个学生，特别是那些不能很好地融入班集体的学生，并为其提供有针对性的帮助，使他们在班级中感受到安全感、信任感，进而产生积极的自我接纳感。同时，积极的自我接纳感又促进学生表现出积极对外的交往意识和对他人的积极情感，这都有助于整个班级积极情感的建设。班主任是学生心灵成长中的重要他人，在班级日常教育生活中，要尊重、理解、关怀、信任、接纳每一个学生，加强"关爱每一个，不让任何一个掉队"的文化建

---

①　郑欢，钱飞，陈宁. 师爱基本理论再审思 [J]. 上海教育科研，2016（10）：60–64.

②　郎朝霞. 爱的生长力：做创造和传播爱的蒲公英 [J]. 班主任，2021（5）：8–11.

设，从而建立良好师生信任关系，营造良好班级情感氛围，发挥情感教育的重要作用。

有班主任设计"快乐转椅"，当发现有学生近期情绪不稳定时，她会把专属"邀请函"悄悄地放在学生的文具盒中，邀请学生坐到"快乐转椅"上。坐在转椅上，脱离了班级的环境，无关乎师生身份，师生聊心事、说困惑，最后班主任像变魔法一样，启动转椅，孩子们仿佛坐上了游乐园中的旋转木马，哈哈笑一笑后烦恼也随之消失了。短短几分钟，却帮助师生展开更好的沟通，加深浓浓师生情。

在班级中，班主任要构建积极的情感文化，必须确立"基于每一个""尊重每一个""为了每一个"的意识，关心爱护每一个学生，公平公正对待每一个学生，给每一个学生搭建适合其成长的舞台，给予其需要的个性化帮助。

例如，王老师回忆起，一个十多年前教过的学生在寄给自己的教师节贺卡中这样写道，"老师，您知道吗？我不再是那个胆小怯懦的女孩，现在的我开朗活泼。老师，您还记得在语文课上一遍又一遍教我大声朗读课文的情景吗？或许您已经忘记了，但对我来说是多么的重要，我知道自己不再害怕表达了。谢谢您，老师！"这使他更加坚信教室的每一个角落都需要关爱的目光。教师在百忙之中不要忘记把爱的目光洒遍教室的每一个角落，尤其是容易被忽视的角落。每一个学生都有被邀请发言的权利，难得举手发言的学生更应优先被邀请，胆怯的学生更应该被请出来亮亮相，不被边缘化；每一个学生都应有被表扬激励的机会，教师应细心发现学生的点滴进步和良好表现，善于以学生成功的事实来表扬鼓励，提升他们的自信心。①

最后，班级活动是情感建设的重要载体。班集体是一个具有亲密人

---

① 王卫明.优化班级激励环境　助力学生生命成长 [J].班主任，2013（10）：10–13.

际关系的共同体，而活动就是培育班级情感、深化情感体验、形成班级凝聚力的重要载体。活动密切了生生和师生的情感交往，也让班级成员能够发挥主体精神、展示个性特长，使在活动中连接的每个学生都紧密团结在一起，编织成一个共同体。在班集体建设中，班主任要发挥活动有助于产生独特的班级情感体验和集体意识的特点，有意识地增强活动中真切的情感体验，如集体凝聚力、同学之间的合作互助、朋友之间的信任支持、班级生活中的惬意与满足等，丰富学生的社会性情感，促进培育班级共同情感，从而促进学生健康成长，让班级建设事半功倍。班主任只要用心，就一定能够挖掘其对于班级情感培育的重要价值。

例如，有的班主任通过设立班级信箱增进学生之间的情感。班主任让学生把对同学的祝愿都投进班级信箱里，在重要节日前夕，选出班级进步最大的学生担任打开信箱的邮递员，把每封信递到学生们手里。于是，学生们的激情被点燃，大家争相给同学写纸条，或鼓励，或祝福，或鞭策。同学们在阅读信件的过程中，都接收到了来自其他同学的祝福。有的班主任善于发挥班级仪式、班级节日的作用，既丰富了班级文化，更增强了师生、生生友情。如在班里设置各种节日诸如点赞节、美食节、艺术节、"双胞胎"节等，学生们可以在活动中寻找自己的搭档，在活动当天通过自己的表演和介绍，让学生们民主投票评选出最有契合度的组合。有趣的活动不仅让孩子们在排练的磨合中学会了包容，还多了一份了解和赏识。

随着网络信息技术的发展，很多班主任借助微信公众号等方式记录班级活动、抒发班级情感，使学生能够留存珍藏每天的班级生活。在打造公众号名片过程中，班主任组织学生一起讨论公众号的名字，一起设计公众号的板块，一起分工合作维护公众号的运作，一起筛选记录班级日常生活，一起记录工作或生活中的感受，使公众号成为师生交流心声的平台。这些举措都有助于构建亲密的师生、生生关系。

此外，班主任在日常学习、工作、生活中要重视自身的榜样示范作用，言行一致，关心、尊重、信任每一个学生，公平、公正地对待每一个学生，用优秀的品德和人格的魅力教育影响每一个学生，引导学生树立正确的价值观、世界观和人生观。

比如，罗老师在从教生涯中一直坚信"每一滴露珠都有闪光的愿望，每一个孩子都是一个天使"，每个孩子都希望成为"重要人物"。但在实践过程中罗老师却发现，"成为重要人物"却并未真正地发生在每一名学生身上。为了让每一名学生都能成为"重要人物"，罗老师在班里探索并实施了"学生个性化成长方案"，帮助每一名学生找到自己独特的生长点，并与学生一起制订了详细的可操作的成长计划，从而让学生获得自信、主动、独特的发展。在"学生个性化成长方案"的激励下，每一名学生都在被肯定中不断地主动成长，尽情地享受着自己生命的独特价值。①

在这样的班级中，无论处于什么水平的学生，不管什么层次的学生，他们都能感受到老师的关爱、尊重与公平对待，为其日后的长远发展奠定了好的基础。

班级建设中的几大途径并不是截然分开的，而是随着班级发展的逐步推进共同开展。比如，在班级初始阶段，有的班主任为了给孩子们建设一个温暖安全的班级氛围，会通过班级环境、班级互动、班级关系等方面共同着力达成此阶段的目标。因此，班主任在班级建设过程中要抓住每个关键期和每个关键期的分目标，同步发挥各个途径的育人价值，共同促进学生的全面发展。

班主任作为班级的建设者、组织者和管理者，是班级工作的主要执

① 罗凯.让教室成为学生自由呼吸的地方 [J].班主任，2015（3）：10-13.

行者，要真正落实学校德育工作，班级育人体系建设必须以班主任为核心。因此，班主任要从班情分析、带班理念、班级目标、实施途径、班级评价五个方面建设全面、系统、完整、有特色的班级育人体系，有效发挥班级的集体育人价值，实现学生健康成长和全面发展。

班主任是学生发展的人生导师，肩负着落实立德树人的任务。而班级作为学生学习、生活、活动的主要场所，是班主任落实立德树人这一根本任务的重要载体。因此，新时代中小学班主任一定要重视班集体建设，不断提升班集体规划能力和班集体建设能力，通过班集体建设助推每一个学生的全面发展。

第四章

新时代中小学班主任的核心素养
——学生指导能力

除了对学生进行集体教育之外，班主任也要充分考虑学生的个体差异，重视学生指导，加强对学生的理想信念、学业、生活、身心健康、生涯等多方面的教育和引导。尤其是随着社会发展和我国教育改革的不断深入与全面推进，面对新时代教育改革出现的新形势、新挑战、新任务，学生指导成为班主任工作的重中之重。

对学生进行指导，其教育旨归是为了在满足学生共性需求基础上，为每个学生提供适合的教育，促进学生全面而有个性的成长，让每个学生都能在现有基础上得到更好的发展。因此，第一，班主任持有正确的学生观是进行学生指导的前提，也是形成师生信任关系的基础；第二，学生指导是基于每个个体的指导，是基于对学生全面发展的指导，这是实现育人的关键；第三，学生评价的最终目的在于促进每一个学生的全面发展和健康成长，学生评价务必要回归这一宗旨。

第一节　新时代中小学班主任的"学生观"

社会在进步，时代在发展，成长在具体的历史时代和社会背景下的学生的思想与个性也必然会打上时代的烙印。因此，班主任必须适应新的教育形势，跟上新时代学生的发展步伐，主动与学生建立良好的信任关系，以正确的学生观看待和对待学生，促进学生全面发展和健康成长。

一、建立师生信任：学生指导的基础

随着教育民主化进程的加速以及教育教学改革的推进，作为教育活动中最基本的人际关系——师生关系是教育教学活动顺利进行的前提和基础。从这个意义上讲，学生指导必须以融洽的师生关系为前提和基础。而融洽的师生关系必须以师生之间的相互信任为基础，这是因为信任在师生关系的建构中发挥着不可替代的作用。在教育教学活动中，信任可以增强师生间的情感联系，减少师生之间沟通协作的成本，最大限度调动师生双方的积极性，学生才能"亲其师，信其道"，教师的指导工作才会发挥应有的教育作用。同时，对教师的信任还可以促进学生对社会的信任，帮助他们形成健康的社会品格。师生之间如果缺乏信任，教师与学生的关系将变得孤立与对立，教师对学生发展的指导就会存在巨大障碍。缺乏学生的信任，我们的教育就会变成"独角戏"。因此，从信任角度建构良好的师生关系，对学生发展指导具有重要的教育意义。

比如，某学生违反学校规定（师生进入校园后自行车要推行），进入校园后仍骑行自行车。保安拦下后，该生冲保安大喊，并与保安拉扯起来。德育主任来到现场后，说了该生几句，该生情绪稍稍平静；但当保安把他的自行车用铁链锁上后，他的情绪再度爆发，并引来很多学生围观。一会儿，该生班主任来了，他对德育主任和保安微笑着说："我可以把学生领走吗？"说完，该生就"乖乖"地跟着老师走了。①

案例中学生对保安、德育主任以及班主任的不同态度，可以很清楚地表明，如果师生之间存在深厚的信任情感关系，学生就会信任老师、信服老师，会使我们的学生发展指导工作取得事半功倍的"奇效"。

二、正确看待学生：班主任应有的学生观

学生观是教师对学生的地位、差异性和独特性等方面的整体认识和基本看法。班主任所持有的学生观是教师教育教学活动的出发点，是学生指导的前提和基础，会对其教育工作的价值取向、教育态度、教育方式等产生内在而深远的影响。比如，有的班主任认为"学生应该听话"，那当面对学生挑衅时，他们就可能难以接受，甚至认为学生挑战了教师的权威；有的班主任认为"学生是有思想的个体"，那当面对学生挑衅时，就会接受学生的行为，并与学生沟通，了解学生的内心想法。因此，班主任必须树立正确的学生观，这样才能产生良好的教育效果。

（一）平等观：学生是独立的个体，要平等对待每一个学生

在日常教育实践过程中，班主任会遇到各种各样的学生，有的外向开朗，有的沉默寡言，有的暴躁冲动，有的沉稳大方……。但无论什么类型的学生，他们都是独立存在的生命个体，他们有独立的人格，有自己的思

---

① 王益民.学生情绪失控的"冷处理"与"热陪伴"[J].班主任，2014（5）：49–50.

想和情感。这就要求我们教育工作者树立平等的学生观，与学生平等相处，并平等对待每一个学生。

第一，要把学生看成与自己一样的"人"，相信学生与教师一样在人格上是平等的，学生也具有与教师相同的价值和尊严，要尊重每一个学生个体。而持有平等观的教师，在教育教学工作中也会以真诚平等的态度对待每一个学生，尊重和认可每一个学生，赋予学生作为"人"的地位与权利，让学生成为真正意义上的"人"，而不是教师的附属品，对他们独断专行、颐指气使、以势压人。

第二，要尊重学生的思想，多倾听他们的内心想法。学生是有思想、有感情的生命个体，他们也渴望被理解和尊重。因此，教师要以朋友的身份平等地与学生交流，耐心倾听他们的心声，了解他们内心的所思所想，而非强制要求学生必须听从教师的想法。

比如，邹老师在一次晚自习值班时，看见一名高三学生坐在走廊上。她上前问道："你怎么坐在走廊上啊？"学生回答："因为我太累了，今天晚上的风很舒服啊！"听了学生的话，邹老师说："我也觉得今天的风很舒服。"于是，邹老师也搬了一把椅子坐到了走廊上。作为教师，大多数时候我们看到这一幕的第一反应就是把学生赶回教室里去。而邹老师站在学生的角度上思考，尊重学生的想法：是啊，这么好的风，学生学习累了为什么不能在走廊上坐一会儿呢？如果我们能经常这样考虑一个"人"的需求，赋予学生作为"人"的权利，将学生当作真正意义上的"人"，很多师生矛盾都会消失。只有当我们真正关怀每一个心灵的健康成长时，真的教育才有可能到来。[①]

第三，要平等对待每一个学生，要一视同仁，不能厚此薄彼。每个学生都是不一样的，都有自己的独特性和发展潜能，班主任要善于发现每一

---

① 骆军英.关怀每一个心灵 [J].班主任，2019（11）：60.

个学生身上的优点，给予每个学生平等发展的机会和平台，让每个学生都能品尝到成功的喜悦。班主任千万不能将学生分成"三六九等"，重视或优待一方，轻视或怠慢另一方。

比如，某学生上课时和同桌偷偷吃零食，被任课老师发现并反映给了班主任。该生倚仗自己"优秀生"的身份，根本没将此事放在心上。结果，班主任对该生和其同桌毫不留情地进行了批评教育，并给予了相应的惩戒。①

在该班主任眼里，所有学生都是一样的，没有"优等生"与"差等生"的区分，每个学生犯错都要承担责任，而这一教育行为源自这位班主任所持有的平等的学生观。

（二）发展观：学生是发展中的个体，要用发展的眼光看待每一个学生

任何事物都处于发展变化中，对于成长中的学生来说，更是如此。因此，教师必须要具有发展观，用发展的眼光看待成长中的每一个学生。

首先，教师要认识到学生是有着巨大发展潜力的个体，要尊重学生的主体地位。反映在教育教学工作中，就是要求教育工作者要相信学生的发展潜力，放手并引导学生去探索、去尝试，逐步培养学生的自主性，而不是事无巨细地包办代替，搞"一言堂"。

比如，某学校张老师在设计毕业季活动时发现，大部分学生认为毕业季活动只是在临近毕业时开展的活动，且多数由学校设计，学生参与面不广，学生的困惑和需求没有得到很好的解决与满足。为了尊重学生的主体地位，培养学生的自主性，张老师将毕业季活动设计的主动权还给学生，让学生自主去探索、尝试。首先，把毕业季设计权还给学生，征集每一个学生的毕业季创意，希望学生自己发现、解决问题。新学期初的第一次班

---

① 及桐. 洒下阳光都是爱 [J]. 班主任，2014（3）：68–69.

会课上，大家一起讨论确定毕业季活动项目。其次，组织学生分析，让学生学会权衡选择，在选择中明确毕业季活动设计的依据。通过讨论，确立了毕业季主题为"回味美好""过好当下""期许未来"，并根据这些主题对毕业季项目进行分类、筛选，最终生成"毕业旅行""毕业比赛（美食品鉴会和校园定向寻宝比赛）""毕业派对（班级联欢会）""最美时光（毕业纪念册和毕业 MV 制作）""把爱留下（为母校、教师、学弟学妹们'留下'些什么）""走进中学（体验中学课程、了解中学生活、学姐学长见面）"6 个项目。①

在这则案例中，张老师用发展的眼光看待学生，立足学生立场，认为学生是有自主性的个体，应充分信任学生，挖掘学生的主体意识，发挥学生的生命自觉。于是，他尝试着将毕业季的设计与组织交给学生，带着学生一起讨论、碰撞、修改，师生在活动中得到了真实的成长与发展。

其次，班主任要认识到每一个学生都会犯错，相信每一个学生都会有进步。学生因为阅历浅、经验不足，在成长过程中难免犯错，而且犯错是学生成长中必需的体验，是学生成长中的财富。学生是在犯错中认识世界、体验生活，然后逐渐长大成人的。面对犯错的学生，班主任不能因一次犯错或偶尔几次错误就以偏概全，给学生贴上不好的标签。面对犯错的学生，有的班主任可能会想"这是一个犯错的学生"，也有班主任会想"这个学生在这个方面还需要我的帮助"，试想，哪种观点有助于我们解决问题呢？

比如，某校一位班主任检查班级卫生情况，刚到教室后门，就意外发现学生小 A 正在翻动同学的书包，并把其中一本书藏到了自己书包里。班主任决定先去小 A 家家访，了解他成长背后的环境和故事。当班主任看到小 A 家窘迫的家境，听到小 A 和奶奶相依为命以及热心帮助邻居的故事

---

① 张丽民，魏登尖. 凸显学生立场的小学毕业季活动设计与实践 [J]. 班主任，2019（3）：16–19.

后，班主任明白了一切：小 A 之所以偷拿别人的书，是因为他热爱读书，而贫寒的家境又无法满足他这种需要，所以才会一时糊涂犯错。既然事由"书"起，那么只有用"书"才能找到答案，才有可能唤醒小 A 迷失的心灵。于是，这位班主任送给小 A 几本不仅可读性强还蕴含着深刻教育意义的儿童读物，并与小 A 从故事内容聊到为人的品格，如诚实、勇敢、美德等。接着，又送给小 A 一本书——《喜羊羊与灰太狼》，与失窃的那本一模一样。没等老师开口，小 A 就承认了错误，并把书还给了班主任。①

在这则案例中，这位班主任并没有采取"抓现行"并一顿痛斥的简单做法，也没有给学生贴上"小偷"的标签。而是通过家访了解学生，并通过潜移默化的方式启发学生自己认识到错误，很好地保护了成长中的学生的自尊心。通过这一教育行为，我们能够感受到这位老师发展的学生观：将学生看作成长中的个体，允许学生犯错，相信学生可以在错误中成长。

最后，班主任要认识到学生的发展是一个长期的过程，学生的成长过程是曲折的、反复的，不是一蹴而就的。在教育教学工作中，经常会听到类似这样的抱怨："我都说过多少次了，他怎么总是听不进去，屡教不改呢？"期望通过一次说教就让学生改变其长期形成的不良行为是不现实的。班主任要知道，每个学生的品德发展都是螺旋式上升的，中间必定会出现反复，育人是一个长期的、反复的过程。

（三）差异观：学生存在个体差异，要关注个体差异和个性发展

学生作为成长中的个体，因为先天素质、后天环境以及个人努力的共同作用，每个学生都有其自身的特点，有其自己的生长节奏。比如，有的学生早熟，有的学生"大器晚成"；有的学生运动能力比较强，有的学生逻辑推理能力比较强；等等。这就要求我们在教育教学工作中一定要正视

---

① 鞠振宏. 悄悄唤醒迷失的心灵 [J]. 班主任，2020（2）：66—67.

学生之间客观存在的差异，认识到每个学生都是独特的个体，树立正视差异、尊重差异、因人而异的学生观。

首先，班主任要认识到学生之间的差异性存在，尊重学生之间的差异性。在一个班级里，由于每一个学生先天素质、认知水平、家庭环境等方面各不相同，他们的起点、发展速度和发展轨迹自然也就存在极大的差异性。这就要求班主任不能搞"一刀切"，不能用一个标准要求所有学生，不能要求每个学生的起点必须相同，过程必须一样，必须到达同一个终点。

比如，董老师接手高三新班，发现以前每位班主任对小王的评语都有这么一句话："学习刻苦，性格孤僻，不合群……"在一次学校篮球比赛中，学生都疯狂地鼓掌、尖叫，只有小王尴尬地站在篮球场边，表情麻木，两眼呆滞。为了不让小王过于拘谨，董老师以探讨数学题为由过去和他打招呼，结果却打开了他的话匣子。小王倾诉道："同学们都嘲笑我是书呆子，老师说我不合群，我真不知道怎么办好！"董老师微笑着对他说："为什么一定要合群呢？只要不是因为性格过于孤僻或者自负而不合群，而只是现阶段还没有找到志同道合的朋友，就不必为此介怀。也不必为了让自己显得不那么孤僻，逼着自己改变，融入某个群体中去。因为你越想合群，越容易迷失自己，余生很长，伪装很累，请别活得那么拧巴！"董老师的话让小王如梦初醒："是啊，为了合群，不知道浪费了我多少时间和精力！"渐渐地，小王逐渐找回了迷失的自己，按照自己原来的模样自由、健康地成长。[①]

案例中的董老师能够接受每一个学生，没有用一个标准要求所有学生，没有像其他老师一样逼迫不愿合群的小王必须要像其他学生一样看篮球赛，必须要融入某个群体中。认识并接受学生的不同，以不同的方式与不同的孩子相处，并在此基础上加以引导，使他们有机会按照自己原来的

---

① 董建华.不逼不合群的孩子刻意合群 [J].班主任，2019（11）：58–59.

模样自由成长，这才是教师在学生成长过程中最应该做的事。

其次，每个学生的个性特点都不相同，班主任应从多方面了解学生，发现他们的独特之处，并有针对性地进行个性化教育，提供多元化的评价方式，鼓励学生的个性发展，而不是"仅以成绩论英雄"。

比如，乐乐是个性格内向的孩子，虽然个子高，却总是习惯性地躲在别人身后，犹如一座静默的孤岛。一次课间，乐乐用螺丝刀熟练地把后门松动的螺丝钉拧紧。姚老师抓住乐乐这一独特之处，授予乐乐"小小工程师"称号，同时邀请他负责班级的维修工作，并在一个月后为乐乐组织了一次别开生面的"螺丝钉"项目学习活动。乐乐扬起脸，自信从容地在讲台前表达、展示自己。这座"孤岛"，在不知不觉中融入了班集体，并成为一束光，照亮了别人！ [1]

在这则案例中，姚老师并没有因为乐乐的性格内向而忽视他，而是细心地观察到了乐乐与众不同的地方，尊重并发掘他的教育价值，使得乐乐变得自信。作为班主任，就是要去发现，去读懂，去引领，去为每一个生命自由、完整、充分地发展与绽放服务。

最后，每个学生都有自己的闪光点和不足，教师必须全面地认识学生，不能光看到学生的不足。如果只是看到学生的不足，因为其某方面不好而全部否定这个学生，不仅会挫伤学生的积极性，而且还会破坏师生关系，无法对学生进行有效指导。

比如，赵老师接手一个七年级新班后，眼里全是学生的问题。对有问题的学生，赵老师轻则按班规施罚，重则约谈家长。慢慢地，班级里的负能量越来越多，学生的挫败感越来越强。后来，赵老师认识到了问题所在，决定改变自己：发现学生的亮点，让学生们向身边的榜样学习，树立自信心，成就他们的优秀。每天，赵老师都早早来到学校，注意发现学生的闪

---

[1] 姚国艳. 寻找打开学生心锁的"钥匙"[J]. 班主任，2022（12）：70–71.

光点，同时对相对落后的学生给予更多关注。为了放大每个人的优点，并使这些优点被其他人看到，赵老师将班级外侧走廊的"个性空间"装饰成两棵表扬树，买来花形和果形小贴纸，每天写好表扬的话语贴在展板上。贴满后，再由学生揭下收集到自己的"成长档案"中。整个八年级，班级呈现良好的发展态势，其间转进了几名问题行为相对多的学生，但他们很快融入班集体，发生了可喜的变化。[①]

如果一个教师的眼里只有学生的问题，在这种学生观的引领下，教师就看不到学生的闪光点，充斥在学生耳边的就只有批评。案例中的赵老师在转变自己的观念和行为前，眼里全是学生的问题，导致班里负能量越来越多，学生的问题越来越多，师生关系也越来越远。如果一个教师能够努力发现每一个学生的亮点，那就会产生光环效应。案例中的赵老师后来不仅努力发现学生的亮点，而且还放大他们的优点，结果学生越来越棒，师生关系越来越融洽。

---

① 赵志德．我们班处处是风景 [J]．班主任，2014（10）：18–19．

第二节 因材施教：关注每一个学生

不同学生的认知水平、学习能力以及自身素质等都是不一样的，班主任不能用统一的标准衡量和要求每一个学生，而是要关注每一个学生，走进每一个学生的心灵，了解学生的实际情况、个别差异，寻找到适合每个学生成长的路径，有的放矢地进行有差别的发展指导，进而促进每一个学生全面而有个性的发展，真正实现因材施教。

一、走进每一个学生的心灵

走进每一个学生的心灵，是班主任深入了解学生的前提，也是因材施教的基础。如果班主任总是以一个教育者、管理者的身份面对学生，一味地说教、指责，那么学生肯定不会愿意和班主任沟通、交流，甚至会产生逆反情绪；相反，如果班主任以平等的态度和学生交流，走进学生的心灵，和学生建立起朋友间的友谊，那么教育就会事半功倍。因此，要想为学生提供适合他们的指导，班主任必须要先走进每一个学生的心灵。只有这样才能深入了解每一个学生，才能实施有效的教育。

（一）调查分析，了解学生情况

了解学生是班主任做好学生工作的第一步。班主任可以求助不同的对象，既可以向家长了解学生，也可以向先前的班主任和教师了解学生，还可以跟同学、同伴了解学生，更可以通过学籍信息了解学生。在了解学生时，我们可以通过以下方式进行。

1. 访谈

访谈法是班主任最常用的了解学生的方法，其优点是比较灵活和深入。通过访谈，班主任可以发现新的问题，并深入访谈内容或扩大访谈范围，深入了解学生的内心世界。谈话的对象可以是学生，可以是家长，可以是先前的班主任或任课教师。在访谈前，班主任可以根据想要获得的内容提前拟定访谈提纲，然后有组织、有计划地收集信息。在访谈过程中，班主任要注意与谈话对象产生共情，真诚的沟通更能打动人心。毕竟，教育是爱的共鸣，是心与心的呼应。

2. 问卷调查

问卷调查是一种通过制定详细周密的问卷，要求被调查者据此进行回答以收集资料的方法。由于其简单易行，因此成为班主任了解学生、家长的快速而有效的方法。但不同的班主任在使用问卷调查时会收到不同的效果，有的会收集到有用的信息，有的收集上来的信息则是无效的。想要达到调查目的，问卷设计的关键在于让回答者能清楚地填写、放心地填写，这样收集上来的信息才是真实有效的。

比如，有的老师会在开学前设计一张细致的调查表，在首次家长会上让家长详细填写，这是短时间批量了解学生基本情况的好办法。①

孩子姓名		性别		身份证号	
出生日期		爱好		注射疫苗	是 否
特长		民族		饮食习惯	
称谓	姓名	职业	联系方式	单位地址	为班级提供的资源
父亲					

① 田冰冰. 接手新班必做的七件事 [J]. 班主任，2016（5）：23–25.

续表

母亲					
其他					
E-mail			邮编		
紧急联络人			紧急联络电话		
家庭地址					
所属派出所					
对孩子的客观评价					
孩子需要改变的地方					
需要特殊照顾的地方					
您希望对孩子说什么					
写给老师的心里话					

备注:
1. 对孩子的客观评价是指对孩子性格、特长、爱好等情况进行详尽的描述,有助于老师及时了解学生,为其提供相应的发展空间。
2. 孩子需要改变的地方如挑食、偏执等,真实填写会让老师的教育更具有针对性。
3. 需要特殊照顾的地方如胆小、近视等也不妨写出来,以便老师给予孩子更周到的照顾。

在这则案例中,田老师主要通过问卷调查法向家长了解学生情况。这份问卷有两处值得老师们借鉴。第一,问卷所要了解的学生信息比较全面。第二,问卷中"对孩子的客观评价""孩子需要改变的地方""需要特殊照顾的地方"这几部分内容容易让家长产生不同的理解,不知如何填,而且涉及自己孩子不足的地方,家长会比较谨慎;而备注部分的内容解决了这两个问题,让家长不仅知道填什么,而且还能放心去填,这样收集上来的信息是有效的。

只有了解学生，才会走进学生的内心。向家长发放问卷是一种侧面了解学生的方式。除此之外，班主任还可以直接针对个别学生进行有针对性的问卷调查，了解学生的各项特点。但一定要注意方式方法，避免适得其反，反而让学生产生距离感。

3. 分析文本资料

通过文本资料了解学生，也是班主任在实践中经常采用的一种方式。班主任可以借助学生的学籍信息、综合素质评价表、评语、作业、周记、日记等书面材料对学生进行了解。通过分析书面材料，既可以看到学生的过去表现，又可以了解学生的当前情况，对学生形成一个相对较为全面的认识。

班主任了解学生的方式很多，但无论采取哪种方式，只要基于个人实际和班级实际，能真实了解学生即可。

（二）日常观察，发现学生需求

观察法是班主任最常用和最基本的了解学生的方法。苏霍姆林斯基在《给教师的建议》中说，教师的教育素养在很大程度上取决于其是否善于在儿童的脑力劳动和体力劳动过程中，在游戏、参观、课外休息时间内观察儿童，以及怎样把观察的结果转变或体现为对儿童施加个别影响的方式和方法。

因此，在日常教育实践过程中，班主任要有意识地、有目的地通过对学生进行观察，及时发现学生需求。例如，班主任可以观察学生的课堂表现、交友情况、作业完成情况、参与活动情况、衣着服饰、兴趣爱好、特长不足等，还可以仔细观察并了解学生在言语、行为、情绪、思想等方面的变化与异常等，这样才能为后期有针对性地开展学生教育工作提供切入口。

由于学生的内心世界是内隐的、深层的，有时会容易受到表面现象的干扰。在对观察到的信息进行分析时，班主任要注意观察的客观性、全面性、系统性，结合学生每个阶段发展的不同任务及心理发展特点，透过学生外在的表现深入解读学生的内在需求，才能与学生产生情感共鸣，才能真正走进学生心灵。

除了要多观察，班主任还要多记录，随时做好观察记录，可以采用教育随笔、教育日记的形式，将观察到的内容记录下来，或者将对某个观察到的情况的思考和想法记录下来，进而为分析学生情况、与学生进行沟通积累信息和素材。

比如，陶老师每天都会把班里的大事小情记录在日记本上，然后利用每周一、三、五的"小饭桌时间"，将日记内容通过多媒体展示给学生。在"陶老师日记"中，有的关注班级热点，如很多学生喜欢将捉来的小蜗牛拿到教室玩，虽经多次禁止，但没有效果。于是，陶老师写下了题为《蜗牛的悲鸣》的日记，引导学生懂得爱不是据为己有，而是给予自由。有的关注某个学生，如班上一个男生长得高高大大，可胆子却很小，陶老师利用"陶老师日记"写下《同桌》，发现他的优点并给予期待，满足了他的情感需求，激发了他的内在潜能。有的及时总结班级活动，每次活动之后，陶老师都将活动的方方面面记录在日记中，一来让总结方式更加灵活生动，二来让学生、家长能够意识到自身的优缺点。以日记为载体，为学生提供了接受教育、促进自我教育的心理条件：感动、亲近感、温馨感、安全感、满足感、愉悦感、羞愧感……，进而消除了敌对感、紧张感、不安全感、无助感……，无论是面对全班学生，还是针对学生个体，日记内容都体现出关心、理解、引导，并且注重心理疏导，尽可能引导学生进行自我教育和自主管理。[1]

---

[1] 陶红梅.陶老师日记：教师日记在班级管理中的应用 [J]. 班主任，2012 (5)：9—11.

（三）沟通交流，实现心灵互动

如果说，日常观察主要是了解学生的外部表现，那么沟通交流则是通过学生的心里话，有意识地、主动地了解和掌握他们的思想活动。班主任只有加强与学生的沟通交流，才能真正走进学生心灵，师生关系才能融洽和谐。

1. 与学生谈心

与学生谈心是班主任在有目的、有准备地与学生直接交谈中了解学生情况的一种方法。虽然与学生谈心的方法比较灵活，可深可浅，可长可短，但班主任也要特别注意与学生谈心的态度和方式，如果随便把学生叫来，轻描淡写地说几句，效果可能还不如不谈，也切忌过于正式，把谈心变成说教。

第一，以平等尊重为前提。学生是独立的个体，师生在人格上是平等的。在与学生谈话时，一方面要注意语言表达方式，与学生平等对话，避免居高临下，令学生不愿敞开心扉；另一方面，当学生犯了错误时，班主任要就事论事，不要批评、诋毁学生的品性与人格。

第二，找准谈心的切入点。谈心不是简简单单的谈话，与学生谈心时最好先找准交谈的切入点，先从学生喜欢的话题谈起，然后引导到想谈的问题上。

第三，以耐心倾听为抓手。很多班主任习惯了训导和说教，不愿意也不肯倾听学生的解释和表达。学生不能说出自己的想法，这样的沟通是单向的，是无效的，更不能称之为谈心。谈心过程中，班主任必须鼓励学生说出想法，这样才能产生平等感和参与感，才能实现心与心的交流。

第四，以情感共鸣为目标。谈心要深入学生的内心深处，与学生产生共鸣。班主任与学生因年龄差异，生长环境、思维方式的不同，对任何事物的看法都不可能完全一致。如果班主任只一味强调自己的观点，忽视学生的感受，容易让学生产生逆反心理，学生就会疏远班主任。所以，班主任要设身处地站在学生的角度看问题，理解学生的心情，然后将这些感受传递给学生，从而使学生感受到班主任对他的理解与尊重，从而愿意说出自己的心里话，展示出自己的内心世界。

在有些时候，班主任可以试着运用非暴力沟通的方式与学生沟通。

比如，面对总是不交作业的小马，以前孟老师经常用严厉的话语进行沟通，这样的沟通很容易引起学生的抵触情绪，激化师生的矛盾，起不到任何有效的作用。后来，孟老师决定改变谈话方式，通过"非暴力沟通"的方式进行沟通。第一步，客观描述所观察到的事情。"我怎么没批改到你的作业呀？忘了交吗？"只说观察，不给学生打上标签，就不会引起学生的逆反心理。第二步，清楚地表达自己的感受。"哦，还没写完？作业不多呀！知道吗？孩子，老师现在很伤心，你向我保证过要按时完成作业的。"只有更清楚地表达感受，与学生产生共情，才会使谈话更为顺畅。如果说"我觉得你应该遵守自己的承诺""我以为你会按时完成作业"时，并不是在表达感受，而是在表达想法。第三步，明确说出自己的需要。听到小马说自己不愿意写作业，让老师别管自己后，孟老师没再批评他，而是说："我很担心你被其他同学落下。老师希望你通过练习巩固学到的知识，学习才能得到进步。"这样，既表达了对学生的担心，也明确表示了对学生的期待，这样往往会得到积极的回应。第四步，提出具体请求。孟老师并没有命令小马怎么做，而是和学生一起商量出解决办法后，具体详细地提出了自己的希望。[①]

在这则案例中，面对学生"不做作业"这一行为，孟老师为了在谈话沟通中获得真实的、有效的信息，改变了以往发泄情绪、批评惩罚的思维模式和做法，而是专注于客观描述所观察到的、清楚地表达自己的感受、明确说出自己的需要、提出具体的请求四个方面，与学生产生共情，让学

---

① 孟丽.用"非暴力沟通"解决学生不做作业问题 [J]. 班主任，2021 (7)：19-20.

生放下负担，袒露心声，最后取得了意想不到的效果。

2. 用文字交流

与语言沟通相较，文字沟通更能拉近人与人之间的距离。学生是独立的生命个体，尤其是中学生更渴望尊重、独立，有些时候，学生不好意思将自己的感受和想法直接表达出来，如果可以用文字来代替口头语言进行沟通，让师生双方有更充分的空间表达自我，进而敞开心扉，就会达到事半功倍的教育效果。

书信是一种比较传统的文字交流形式，也是班主任与学生交流的一种常用方式。

例如，面对学生"早恋"，罗老师因为处理方式不恰当，与女生产生了隔阂。在收到女生的"决裂"信件后，罗老师开始反思，并写了一封回信，为自己的不冷静、不理智而道歉，也写出了女孩在自己心中的好印象，写出了对她这种行为的担心，分析了女孩应该如何保护好自己……。第一封信，学生没回复；第二封信，学生依然没回复；第三封信，学生还是没有回复。罗老师又写了第四封、第五封……。第十一封信，学生终于回复了！一开篇，学生就写道："老师，您有魔法对不对？原本我真的很喜欢很喜欢您，后来我真的很恨很恨您，我原以为我一辈子都不会原谅您的！怎么每次看到您的信，我都越来越觉得自己辜负了您的期望呢？老师，您能原谅我们吗？……老师，我们会不断努力让自己成为更好的自己，证明给大家看，我们这是美好的关系。也感恩我能拥有与您之间的美好关系，您让我们都成长了，是您教会了我们该如何去爱……"此后，罗老师和学生的僵局彻底打破，相处得比以前更加和谐，书信往来也继续成为罗老师和学生之间"秘密而特殊的交流方式"。①

---

① 罗燕珊. 十一封信助我走进学生心灵：与"早恋"学生的冲突与沟通 [J]. 班主任，2019（9）：14–15.

除此之外，班主任还要根据学生年龄、性格等特点，探索、创新适合本班学生文字交流的形式，倾听孩子的心声，关心学生的内心成长，走进学生的情感世界。

有的班主任以学生的周记、日记为载体，及时觉察学生需求，与学生进行互动交流。

比如，陶老师是一位语文教师，她每周都留周记作业，并在周记本上就学生写下的内容或一周来观察到的学生状况写下一些话。像独生子女经常遇到的和同学相处的问题，与管教严格的家长的矛盾，对待挫折的问题等，每一次面对问题，陶老师都认真作答，帮学生分析，有哪几种处理事情的方法，每种方法的不同效果是什么，有时告诉他们自己小时候的故事，供他们借鉴，有时像朋友一样为他们出主意……。老师的真诚使得孩子们在周记中敞开心扉。周记成为陶老师和孩子们的通信栏。在这里，陶老师发现各种问题，对班级学生的问题做到未雨绸缪。①

有的班主任采用"悄悄话交流本"的方式与学生进行文字交流。

比如，为了真正懂得孩子们的心，郑老师设计了"悄悄话交流本"。郑老师请班里的每个学生都准备一个本子，让他们每天在本子里把心中的小秘密、生活中的小烦恼、获得的小喜讯、同学间的小矛盾、对家长的不满意等悄悄地告诉老师。郑老师则把自己的感受、解决问题的办法、对学生的理解、对学生的牵挂悄悄地回复给孩子。无声的教育打动了孩子的心，"悄悄话"为郑老师与学生之间搭起了一座沟通心灵的桥梁。②

还有的班主任采用"爱心树洞""解忧信箱"等方式与学生进行交流。

比如，为了让学生敢于表达自己的内心感受和想法，刘老师在教室一角开辟出一片园地，和学生们一起搭建了一个"爱心树洞"。这个"爱心树

① 陶红梅.用笔沟通 用心教育 [J].北京教育（普教版）.2010（4）: 77–78.

② 郑丹娜.全接纳·慢引导: 心灵的教育 [J].班主任.2013（1）: 9–13.

洞"是用纸箱拼贴成中空的树干，用彩纸剪成繁茂的树叶，用彩笔画出爬满岁月痕迹的树皮，树干上开起一扇心形的门，供孩子们袒露心声。孩子们可以通过画画来倾诉心声，也可以通过写作来倾诉心声，而刘老师每天放学后都会悄悄阅读和记录孩子们在"爱心树洞"里的倾诉，并以简笔画配简单拼音文字的方式予以回应，以引导孩子们再表达。"爱心树洞"成了学生们无话不谈、亲密无间的"知心朋友"，也成了刘老师和孩子们心与心相连的桥梁。[①]

需要注意的是，班主任在使用"书信""悄悄话交流本""爱心树洞""解忧信箱"等类似方式时，一方面要让学生能够没有负担地去写，另一方面要及时回应学生，满足学生的内心需求。

二、给予学生个性化指导

学生是独特的个体，每个学生的生长环境、个性特点、思维方式都存在差异，学生之间自然也会存在差异。班主任作为学生成长的引路人，要"因材施教"，为不同阶段、不同个性、不同类型、不同情况的学生采取不同的教育方式，提供适合学生的教育，让每一个学生都能得到发展。这就是班主任要具备的"个性化指导"能力。

第一，正确看待"每一个学生得到发展"这一问题。"每一个学生得到发展"并不是要求每一个学生在思想、学习、体质、心理发展等各个方面都"齐步走"，而是说每一个学生能在自己原有的基础上朝着好的方向有所提高，可以是一个方面，也可以是多个方面。

比如，苗老师班里的小武对一切都漫不经心。一次受到音乐老师表扬后，苗老师发现小武的眼睛里充满了热切。于是，苗老师抓住机会，挖掘

---

① 刘杰林.让一年级学生学会调控小情绪 [J].班主任，2018（5）：20–21.

学生亮点——手风琴弹得不错，送给他一份礼物——一场个人专场音乐会。于是，在对举行个人专场音乐会的美好憧憬中，小武不仅认真制作了音乐会的海报、节目单、背景视频，邀请与他一起学琴的小伙伴作为助演嘉宾；还特意手写了邀请函，邀请校长、任课老师以及他上低年级时的启蒙老师来参加音乐会，他把八首曲子练得非常熟练。一切准备就绪后，小武手风琴专场音乐会在音乐教室隆重举行。舞台上的小武专注而投入，那神情、那眼睛里闪烁着的光，汇成了一个神采飞扬的自信少年。那场音乐会后，小武一跃成为班级甚至全校的风云人物，所到之处经常有同学向他施以注目礼。在这样的目光中，他鼻涕擦干净了，扣子扣整齐了，腰挺直了，说话也更文雅了，整个人的精神面貌发生了积极而可喜的变化，自信的笑容慢慢在他脸上绽放。①

在这则案例中，苗老师对小武充满期待，基于小武有音乐天赋的优点，又想得到大家关注和肯定的心理需求，为小武举办了一场与众不同的音乐会，为其成长赋能。在展示中，小武发现了自己的价值，自信心和自豪感油然而生，向着老师期待的方向一步一步走去。

第二，要为每一个学生提供个性化的教育计划。"尺有所短，寸有所长"，每个学生的基础、兴趣、认知、接受能力等都是不一样的，因此，对教育的需求也就不一样。班主任要基于对学生的了解，为其提供适合的教育。只有适合的教育才是最好的教育。

比如，针对小路"淘气，自控力极差"问题，李老师提供了一份适合他的成长积分表。成长积分表分为两个板块，一个是他很在意的学习成绩，另一个是他一直不太关注的自控力，自控力的评定内容主要集中在课堂抢答、自习课活动、与同学相处反馈方面。为了让小路感受到自己的进步，强化小路进步的动力，李老师每个月会对小路做一次全面的评定。同

---

① 苗艳婷. 送你一场音乐会 [J]. 班主任，2020（3）：18–19.

时，基于小路有强烈的表现欲望这一特点，李老师有意识地在班级中让他成为"领头羊"，尤其是在纪律监督的时候，既能够使他有一定的活动力，不至于束缚过多，也能够使他在监督别人的同时增强自我监督力。为了给小路提供更多表达情感的机会，李老师特地给他制定了"吐槽本"，在上面"吐槽"班级中遇到的事情，"吐槽"自己的行为表现情况，让他能够将负面情绪统统宣泄出来，然后再引导他走向正面情绪。此外，还联系了他的家长，让家长也成为强化孩子自控力的监督者。在一系列措施下，小路开始以家长和老师意想不到的速度变化着……①

在这则案例中，李老师基于学生心理需求为小路制定了有针对性的、适合他的教育计划，积分表、成为"领头羊"、"吐槽本"、"共同愿望"等，助力小路获得发展。

第三，要为每一个学生赋能。无论什么样的学生，尤其是那些发展暂时落后的学生，他们都希望老师能够接纳自己。班主任要接纳学生的过去，把学生的过去看作成长指导的基础，不能因为学生的过去给学生贴上各种标签；然后告别过去，告诉学生从当下开始，为学生内心种下希望和信任的种子。

比如，车老师新接班后，为了激发学生前进的斗志，新学期的第一节班会课上会送给每个学生一件礼物——笔记本，并告诉学生："如果你曾是班上的佼佼者，老师告诉你，成绩属于历史，现在一切归零重新开始；如果你以前在班上表现欠佳，老师也明白地告诉你，我不在乎你的过去，我想看到未来优秀的你，一切重新开始还来得及。老师要告诉所有人，我希望大家放下过去，立足当下，放眼未来，去发现更优秀的自己！这份礼物，我希望亲手交给那个愿意去书写新的历史的你，如果你愿意，我在这里

---

① 李月琴.探寻撬动"地球"的支点 [J].班主任，2020（2）：28-30.

等你！"①

　　在这个案例中，车老师看到了每个学生向上、向善的心，于是接纳每个学生的过去，并让每个学生也接纳自己的过去，让每个学生站在新的起跑线上。车老师在接班第一天就给每一个学生埋下了希望的种子，让学生对未来充满期待。

　　心理学中的皮格马利翁效应、罗森塔尔效应或期待效应都启示我们，期望者热切的期望和赞美能够产生奇迹，被期望者会充满自信，根据期望者期望的方向做出相应的行为，达到期望者的期望。这就要求，在教育实践中，班主任也要对学生充满期望，挖掘学生的亮点，并为每个学生搭建能够看到自己价值的平台，为学生成长赋能，用期望影响学生的发展。

　　第四，班主任在育人过程中要有一种永不放弃的精神。教育是一个漫长的过程，学生成长不是"速成"的。不积跬步，无以至千里；不积小流，无以成江海。班主任只要不放弃学生，学生就一定会有发展。

　　比如，吕老师发现小虎几乎对任何事情都保持着超强的敏感，很难对一种事物保持长久的注意力，导致他无法专心致志地完成作业。吕老师决定为小虎提供适合他的教育策略：从容易完成的小任务着手，引导他合理规划时间，增强完成作业的主动性。（1）细化"小任务作业"，减轻学生心理负担。吕老师先把作业分割成若干个模块，然后按照难易程度再把每个模块细分类，使小虎消除了恐惧心理，为激发他的学习意识奠定了基础。（2）开发"小时间规划"，适合学生个性特点。通常情况下，小虎做作业连10分钟都坚持不下来。因此，吕老师跟他约定：每完成一个小类的作业，他可以看一次表，统计所用时间；待作业时间积累到一定量，他可以选择做一项自己感兴趣的事情。"小时间"在一定程度上缓解了小虎无法长时间集中注意力的问题，使他逐渐接受、喜欢作业，并能够按照自己的学习

---

① 车英.接班第一天，我给学生送点"礼"[J].班主任，2021（9）：42—43.

节奏去完成任务。（3）制作"小菜单作业"，赋予学生作业主动权。对小虎而言，各科模块作业的总量肯定很大。吕老师允许他可以从每科作业中选择模块和小类，制作成每日作业小菜单，自主执行。小菜单解决了小虎的作业主动性问题，使他拥有充分的选择权。（4）实施"小奖励计划"，激发学生学习进取心。别看小虎爱抄作业，但对考试非常重视，尤其对分数绝不含糊。因此，吕老师跟他约定：只要当天能坚持完成小菜单作业，就给他各科单元考试成绩积1分。在争取分数的过程中，他的进取心被彻底激活了。①

　　在这则案例中，小虎不爱做作业、没有长久的注意力，吕老师在分析了这些问题后，并没有采取苦口婆心的说教、谈心等"简单做法""大众做法"，而是为其打造极富针对性的教育计划：细化"小任务作业"、开发"小时间规划"、制作"小菜单作业"、实施"小奖励计划"，这一系列措施帮助小虎克服了恐惧心理，进入了学习的良性循环。

---

① 吕新辉. 从"小"入手，让学生爱上作业 [J]. 班主任，2014（4）：53–55.

第三节　全面指导：关注学生全面发展

班主任在对学生进行指导过程中，除了要关注每一个学生之外，还要前瞻性地关注学生的全面发展，并主动提供指导。这种前瞻意识的主动指导不同于遇到问题后的被动指导，一方面可以对某些问题防患于未然，让班主任工作更轻松、高效；另一方面可以让学生在问题发生之前富有预见和办法，帮助他们实现理性思考和自主发展。学生指导是多维度的，涵盖学生发展的方方面面，学生指导承担着塑造学生的高尚人格、培养崇高的理想信念、完善学生的道德品质等责任。因此，班主任应该具有大情怀和大视野，从理想、学业、生活、身心、生涯等多方面指导学生的全面发展。

一、理想信念教育

理想信念是青少年学生成长道路上的指南针，不仅能够为学生指明前进道路的方向，而且能帮助学生坚定前进道路的决心和毅力，对学生的成长发展有着重要影响。因此，坚定学生的理想信念，筑牢他们的精神底座，是教育工作者的职责所在、使命所系。

一个人的理想信念并不能自发形成，而是与他的价值观密切相关。价值观作为一个人的本质的潜在形式，对他的思想和行为有重大引导作用，决定着他的理想信念的形成和发展。[①] 因此，教育工作者要把加强价值观

---

① 杨艳春. 人的本质与大学生理想信念教育 [J]. 职业时空，2007，(24)：87–88.

教育作为学生理想信念教育的首要任务。

社会主义核心价值观积淀着中华民族最深层的精神追求和行为准则。在学生价值观教育中，社会主义核心价值观教育是其核心内容。党的二十大报告指出，要"培育和践行社会主义核心价值观"，学校教育要"培养德智体美全面发展的社会主义建设者和接班人"，可以说，使学生树立社会主义核心价值观，是学校德育工作的核心内容，关乎社会主义建设者和接班人培养的成败。因此，教育工作者必须将社会主义核心价值观融入教育教学全过程，以此筑牢学生的理想信念根基。

当前，很多教育工作者也在落实社会主义核心价值观，但青少年群体对社会主义核心价值观认知不够、理解不深、践行不力等问题仍然存在。究其原因，是对社会主义核心价值观的 12 个主题理解不到位、研究不深入，忽略学生身心发展的阶段性特点，以致班主任在进行社会主义核心价值观教育时灌输说教，浮于表面，脱离实践。基于此，班主任在进行社会主义核心价值观教育时要注意以下几点。

第一，班主任要充分理解社会主义核心价值观内容。社会主义核心价值观的 12 个主题相对于学生来说比较抽象，除了要让学生牢记这 12 个关键词，更重要的是引导学生认同并践行。要达到这一目标，作为传道授业解惑的班主任来说，自己首先要理解每个主题的内涵、范畴，并能够对每个主题进行分解，转化成符合学生内心需求且能够被他们理解的小主题，采用学生喜闻乐见的方式进行深入浅出的解读。

第二，社会主义核心价值观教育要把握阶段性。不同学段的学生的身心发展水平、认知水平、理解接受能力都存在阶段性差异。因此，社会主义核心价值观的教育内容、教育形式也要充分考虑学生的认知发展规律、生活经验以及他们的已有知识和经验。例如，对小学阶段的学生来说，社会主义核心价值观教育可以着重培养学生的价值观意识，让社会主义核心价值观的种子在儿童心中生根发芽；对中学生来说，社会主义核心价值观教育重在培养学生善于运用社会主义核心价值观进行价值判断、价值选择。班主任要把握好学生的阶段性特征，使社会主义核心价值观教育真正贴合学生实际，让学生真正理解其意义，真正愿意践行。

第三，丰富和创新载体，将社会主义核心价值观融入教育教学全过程。课堂教学是开展德育的主渠道。班主任要充分发挥所教学科的内容优势，将社会主义核心价值观教育巧妙地融入其中，不仅要让学生汲取知识，还要在潜移默化中促成学生正确价值观的形成。在对学生进行价值观教育的过程中，主题班会具有自身独特的优势，班主任要善于抓住这一优势，在社会主义核心价值观教育的主题下，基于学生的生活实际和思想困惑，开展小切口、深挖掘的主题班会，使社会主义核心价值观教育深入学生内心。班级主题活动是班集体教育的另一重要载体，教师可以借助国家重大节庆日（如国庆节、中秋节等）开展形式多样的实践活动，进行社会主义核心价值观教育。班主任还可以探索其他形式载体，比如社团活动、文化布置等，集思想性、趣味性于一体，加深对学生的价值观教育。同时，班主任也要抓住平时的教育契机，将价值观教育融入其中，潜移默化地影响学生。班主任所设计的教育教学活动一定不能流于形式，而是真正走进学生内心，让学生有所成长。

比如，开学第一天，朱老师发现小芳大热天总是戴着小红帽。与小芳家人沟通后了解到，小芳因为先天性皮肤白化，生下来就是一头白发。于是，朱老师决定借助开学这一契机，结合学生们的生活经验、认知规律，对大家开展一场"友善"主题教育活动，让"友善、奉献"价值观真正走进孩子内心。班会课后，当小芳把自己头上的帽子摘下时，全班学生没有喧哗，没有异样的目光。后来，在大家的策划和家长的支持下，代表班级特色的爱心"小红帽"和红马甲诞生了。为了让孩子们真正践行"奉献、友善"精神，朱老师根据孩子们的特点和实际情况设置了"小红帽"志愿者岗位自助菜单，让孩子们自主选择岗位，每天由值日班长进行监督评价，每月进行总结评比，还将志愿者服务活动与学期评优评先活动相结合，不断提高孩子们的积极性。戴上小红帽，是一份光荣，是一份责任，更是一份沉甸甸的爱。于是，不论是课间还是午间，"小红帽"们为爱行走在校园的每个角落。他们有的在教室楼层查看同学们在游戏时是否安全，有的在楼梯附近提醒同学上下楼梯靠右慢行，还有的为一年级的小弟弟、小妹妹指导课间操，帮体育老师省了不少心。在两年多的时间里，朱老师带着学生开展过多次志愿服务活动，帮助过许多需要帮助的人。小红帽在帮助别人的同时，也快乐了自己，他们传递着文明，传递着爱心，小小爱心终将汇聚成一股强大的社会暖流。[①]

在这则案例中，朱老师有几点做法值得教师们借鉴：第一，"小红帽"小芳的到来，虽然增加了朱老师的班级建设难度，但朱老师却将其作为开展价值观教育的良好契机，让"奉献、友善"价值观在孩子们心中生根发芽；第二，朱老师开展价值观教育，有着一定的规划性和系统性，借助多元载体系列逐层递进，主题班会统一认知、文化标志设计强化情感、实践服务落实行为、阶段评价强化行为，"奉献、友善"的价值观在学生们一次次的志愿服务中深入内心；第三，朱老师对学生价值观的教育符合学生的身心发展特点和已有生活经验，设计可供他们选择的岗位自助菜单，发挥他们的自主性。

二、学业指导

当前，很多学校的学生指导多限于理想信念教育、心理健康教育指导等，忽略了学生的学业指导，而且很多教师认为对学生的学业指导就是指导学生学习学科知识。其实不然，单纯的教授学科知识，而不去考虑学生

---

① 朱婷霞.小红帽的故事：爱心和志愿精神引领学生成长 [J].班主任，2018（12）：13-14.

的学习动机，就类似于"填鸭式灌输"，学生是没有学习主动性的。学习动机是学生学习的动力因素，因此，班主任要想方设法激发学生的动机，培养学生的学习兴趣，提高学生学习的自觉性，让学生热爱学习、善于学习。同时，学业指导中还有比较重要的一个方面，那就是培养学生良好的学习习惯。叶圣陶先生曾说，教育就是让学生养成良好的学习习惯，积千累万，不如养个好习惯。良好的学习习惯不仅影响学生当前的学业学习，还会对学生以后的学习和工作乃至终身发展产生重要的影响。良好的学习习惯主要包括主动学习的能力、集中的专注力和良好的学习行为等。因此，对学生的学业指导重在激发学生的学习内需、培养学生良好的学习习惯。

学习动机和学习习惯的培养是一个系统工程，不是一朝一夕就能达成的，需要各主体的协同努力。

第一，找准问题原因。面对学习动机不强的学生、学习习惯不好的学生，教师首先要通过表面现象找到背后的原因，是年龄阶段所特有的，还是性格使然，抑或是引导不到位、教育方式不对等。只有找到原因，才能找到相应的指导方法。

第二，激发内在需求。无论是学习动机的激发，还是学习习惯的培养，着眼于学生内在的心理因素、心理需求是比较重要的点，比如学生的兴趣、自信心、求知欲、好奇心等，这样学生的主动性会比较强。

第三，创设外部条件。外力驱动主要强调外部环境，比如外部的奖赏评价、竞争激励等。对于学生学业的指导，外力驱动和内在需求的激发可同时进行。在一定条件下，外在的驱动会转化为学生的内在需求。

第四，循循善诱，循序渐进。对于一些学生来说，不是他们不想努力，不想进步，而是不知道该怎么做，缺少方法指导。相对于成长中的学生来说，教师有更多的经验和方法。因此，对于这部分学生来说，教师要了解学生的困惑点在哪里，然后将自己已有的经验方法转化成学生能够理解的方法，循序渐进地指导他们掌握方法。

　　例如，郝老师所带班的男生个个精力充沛，足球、篮球、排球样样精通，却唯独不愿意学习。郝老师通过与学生沟通，发现绝大多数学生认为考试成绩给他们带来的挫败感让他们逐渐丧失了对某些科目的学习兴趣。基于此，郝老师采取了以下的指导方法：（1）提供源动力。首先鼓励学生为自己设定适合自己的、阶段性的努力方向和目标，并在班级墙上设计张贴了班级"愿望实现树"，让学生将自己的阶段性目标粘贴在树上。如果学生达成阶段性目标，便取下果实，继续播种下一个目标。（2）补足推进力。首先，创立"学习成长日记"。学生以周为时间单位，对自己课前学习时间、课上互动过程、课后延伸巩固、自主学习内容安排等方面进行记录。结合每周周测成绩，学生们利用周末进行学习结果的反思和一周学习过程的自我评估。每周一，班主任收齐学生的"学习成长日记"，结合任课教师的意见，为他们写下适切的建议或鼓励的话语。在不断地磨合和调整中，学生们找到了适合自己的学习方法。其次，在班中开展"21天形成一个好习惯"的打卡自励行动，让学生将决定要养成的好习惯书写下来，张贴在班里，每天坚持完成后在上面打卡，实现自我监督和同伴监督的结合。（3）点燃战斗力。为了避免产生消极情绪，郝老师让学生对自身学习过程进行纵向对比。郝老师收集并整理学生周测、月考、期中、期末考试的各科成绩，并利用 Excel 软件生成每门学科的成绩折线图。学生的薄弱科目、优势科目、进步明显的科目，甚至是整体学习情况的变化都能一目了然。[①]

　　在这则案例中，面对不爱学习的学生，郝老师从提升学生的学习动机入手的几个做法值得借鉴：（1）与学生沟通，把学生学习动力不足之脉，清楚了原因，后面的措施就更有针对性了；（2）着眼于内因，鼓励每个学生制定适合自己的阶段性目标，并让目标在全班可见，让学生对未来有所期待；（3）为学生量体裁衣，以外力驱动。郝老师创立"学习成长日记"，

---

① 郝静.提升成就感，学习才有动力 [J].班主任，2020（10）：47-48.

与学生一起打磨学法，并开展打卡活动，个人监督与同伴监督相结合，辅以竞争评价，以外在驱动促进内在需求。

三、生活指导

生活指导是指对青少年儿童的衣食住行及人际交往等活动开展的针对性的指导。生活指导不仅需要关注学生当下的生活，更要关注学生未来的生活，让学生成为积极的生活者。

对于中小学生而言，家庭和学校是他们的主要生活场域。在任何一个场域中，学生都需要生活，需要与人打交道，需要应对生活中的各种问题。在学校中，他们有学校生活，需要适应学校生活、班级生活，需要学会与教师、同学相处；在家庭中，他们有家庭生活，需要学会照顾自己和家人，需要学会与家人相处。但在当今社会，每个学生都是家庭中的"宠儿"，他们在家庭中处于"被保护"的地位，以致当下的学生大多缺乏生活锻炼，缺乏生活经验和基本人际交往技能。同时，以学习和考试为主导的理念也会让学生的生活变得单调、无聊、压抑，在这种情况下，学生在课余生活中就会出现各种各样的问题，比如沉迷网络、抑郁封闭、校园欺凌等。因此，教育工作者除了要教授学生专业知识和技能外，还要重视对学生进行生活指导和生活教育，引导学生形成正确的、科学的、健康的生活观，为学生当下的生活以及将来更好地适应社会、立足社会打好基础。

生活指导要在培养学生基本的生活自理能力的基础上，为提高学生个人的生活选择能力和生活适应能力提供支持与帮助，让学生在生活中遇到困惑和问题时也能积极面对，并能主动做出选择。学生并不是生活在真空环境中，除了面向个人的生活指导外，班主任还要注重培养和发展学生与他人相处的能力，比如沟通、合作等，引导学生正确处理个人与社会的关系。因此，班主任可以从良好的生活自理能力、主动选择能力、社会适应能力和人际交往能力等几个方面对学生进行生活指导，帮助学生获得幸福生活的基本能力，让学生积极乐观地面对生活、悦纳生活。

班主任在对学生进行生活指导时要做到以下几点。

第一，班主任要将精力放在学生的发展性指导上，既要关注学生当下的生活，又要看到学生未来的生活指导，教给学生解决生活问题的方法，引导他们形成发展性思维，不要将关注点放在学生的短板上，而要聚焦在帮助学生纠正错误、弥补过失上。

第二，要把握学生身心发展的阶段性特点，将生活指导这一系统工程分层次、分阶段融入不同学段的德育目标中。根据教育部2012年出台的《中小学心理健康教育指导纲要（2012年修订）》，小学低年级阶段的生活指导要帮助学生认识班级、学校、日常学习生活环境和基本规则；培养学生礼貌友好的交往品质，乐于与老师、同学交往，在谦让、友善的交往中感受友情；帮助学生适应新环境、新集体和新的学习生活，树立纪律意识、时间意识和规则意识。小学中年级阶段的生活指导要帮助学生树立集体意识，善于与同学、老师交往，培养自主参与各种活动的能力，以及开朗、合群、自立的健康人格；引导学生在学习生活中感受解决困难的快乐；培养学生对不同社会角色的适应。小学高年级阶段的生活指导要开展初步的青春期教育，引导学生进行恰当的异性交往，建立和维持良好的异性同伴关系，扩大人际交往的范围；积极促进学生的亲社会行为，逐步认识自己与社会、国家和世界的关系；培养学生分析问题和解决问题的能力，为初中阶段学习生活做好准备。初中年级的生活指导要引导学生积极与老师及父母进行沟通，把握与异性交往的尺度，建立良好的人际关系；帮助学生逐步适应生活和社会的各种变化，着重培养应对失败和挫折的能力。高中年级的生活指导要帮助学生正确认识自己的人际关系状况，培养人际沟通能力，促进人际间的积极情感反应和体验，正确对待和异性同伴的交往，知道友谊和爱情的界限；帮助学生进一步提高承受失败和应对挫折的能力，形成良好的意志品质。

第三，生活指导既要整体规划，有意识地系统进行；也要抓住日常学习生活中的教育契机，将健康的生活观念融入教育契机，让学生在潜移默化中受到教育。整体规划一方面要求教师要了解学段的生活指导目标，另一方面要求教师根据学段目标制定分阶段的目标，并根据分阶段目标借助不同的载体（比如系列班会、班本课程、实践活动等）去达成。另外，班级日常生活并非单调、无聊，而是充满丰富的教育性。班主任要善于抓住偶发事件中的教育契机，引导学生在班级日常生活中学习生活准则，学会做事，学会共处，学会过美好生活。

比如，花老师在接手一年级后，根据小学低年级学生的身心发展特点进行整体规划，开展系列活动，旨在使他们学会自己的事情自己做，提高自理能力；培养积极向上的生活情怀，增强自信；引导孩子们用自己的小手帮助集体或他人，感恩他人。（1）第一阶段"我的小手真有趣"。对于刚进入小学、尚未适应小学生活的学生来说，首先要让他们感受校园生活之"趣"。于是，花老师通过"唱一唱""画一画""说一说""练一练""评一评"等活动形式，引导孩子们了解手是我们的宝贝，体会到自己小手的神奇。（2）第二阶段"我的小手真健康"。班上的家长工作忙，对孩子的生活习惯关注不够，导致孩子们的卫生习惯令人担忧。于是，花老师安排了"我的小手真健康"活动，教育孩子们懂得手的卫生与保健，学会保护自己的小手。（3）第三阶段"我的小手真能干"。这是班集体建设活动的重点，花老师安排在一年级第二学期落实，主要是锻炼孩子们的小手，培养他们的生活自理能力和动手能力，让他们养成自己的事情自己做的好习惯。（4）第四阶段"我的小手真温暖"。这一环节主要引导孩子们用自己的小手帮助集体或他人，感恩他人，快乐自己。郝老师指导他们认真做好值

日，用自己的小手为班集体服务，从而培养他们的责任心。^①

在这则案例中，花老师为了学生当下的生活以及将来更好地适应、立足社会生活打好基础，她基于低年级学生的身心发展特点，整体规划，将对学生的生活指导目标分层次、分阶段进行。通过一系列关于"手"的活动，学生适应新环境的能力、生活自理能力、人际交往能力都有了一定程度的提高，为今后的学习和生活奠定了坚实的基础。

四、身心健康教育

青少年学生正处于身心发展的重要阶段，但在社会快速发展的大背景下，社会竞争的加剧、生活节奏的加快、家长的过高期待等都在加重学生的学业压力，不少学生不同程度地出现各种心理问题，如厌学、焦虑、抑郁等；信息技术的发展在推动社会发展的同时，也给青少年学生带来了沉迷网络、网络欺凌等困扰社会的问题；健身意识的缺乏导致青少年学生近视、肥胖、驼背、虚弱等身体健康问题不断呈上升趋势。教育部 2012 年出台的《中小学心理健康教育指导纲要》提出，要"提高全体学生的心理素质，培养他们积极乐观、健康向上的心理品质，充分开发他们的心理潜能，促进学生身心和谐可持续发展，为他们健康成长和幸福生活奠定基础"。班主任作为中小学生健康成长的引领者，在关注学生身心可持续发展方面起着重要作用。

第一，班主任要关注学生体质健康，增强学生的体育锻炼意识。体育锻炼不仅可以帮助学生强身健体，而且对学生心理减压、情绪疏导等大有裨益。但许多学生不爱运动、不爱锻炼，且原因各异，有的可能怕失败，有的可能怕被嘲笑，有的可能认为浪费时间，有的可能不感兴趣。因此，

---

① 花红梅. 小手大世界 [J]. 班主任，2018（12）：22–24.

班主任首先要寻找问题的根源，然后才能找到触动学生心灵的教育方式。班主任要在班级里多开展一些可供学生选择的趣味性运动，增强学生的运动兴趣。

比如，陈老师为了让不爱运动的学生爱上体育活动，和学生一起"趣"运动。（1）花样翻新，激发兴趣。发现一成不变的活动项目往往使得学生缺乏兴趣后，陈老师决定丰富学生的体育活动项目，通过广泛了解和收集受学生欢迎的体育活动项目，向体育老师和心理老师咨询，陈老师推出了适合学生的、让学生感兴趣的体育活动项目。（2）巧妙安排，培养兴趣。在学生体育活动项目的选择和参与中，陈老师并没有放任不管，而是因人而异，巧妙安排。（3）体验成功，深化兴趣。随着体育活动项目的开展，学生们的运动能力有所增强，运动水平有所提高。陈老师开始思考：如何突破和提升，进行相应的调整和整合，让学生的兴趣转化成持续的动力。（4）校外延伸，拓展兴趣。为帮助学生保持对体育活动的参与热情，陈老师利用当地的便利条件，积极鼓励学生参与社会体育活动，让他们在课外、校外积极参与，现场观摩或者收听、收看自己感兴趣的体育比赛，利用假期和假日参与到群众性的体育活动中去，真正感受体育活动的魅力。①

在这则案例中，陈老师为了调动学生体育运动的热情，让学生爱上体育运动，从"趣"入手，提高体育活动的趣味性，培养学生的运动兴趣，并将兴趣转化为持续的动力，让他们在运动中体验乐趣，将兴趣转化为热爱，并固化为学生自觉的行动。

第二，班主任要关注学生的心理健康，提高学生的情绪调控能力。情绪调控与心理健康的关系最为密切，具有良好情绪管理能力的学生才会有良好的心态和健康的心理，因此，提高学生的情绪管理能力是教师必须要

---

① 陈健. 和学生一起"趣"运动 [J]. 班主任，2019（1）：43—44.

面对的一个重要课题。调控情绪的前提，是要给予学生表达情绪的空间，以及时了解学生的不良情绪与背后的原因，才能有效疏导；同时，要教给学生正确调控情绪的方法，这才是关注学生心理可持续发展的关键。学习情绪管理技能之后，学生了解自己、理解他人的能力得到增强，这样就可以在提升自己、照顾自己的同时，提升人际交往技能。

比如，学生们因为心理压力太大，在课堂上和老师顶嘴，甚至差点打起来。既然孩子们有压力，那就得先让孩子们将情绪表达出来，才能了解到他们的内心需求。于是，朱老师引导他们用语言表达自己的情绪。学生把自己的感受说出来后，朱老师发现，难受、委屈、愤怒等这些感受的背后，是对被尊重、被欣赏的期待。接着，朱老师在黑板上板书"情绪 ABC 理论"，向学生介绍：A 是指所有发生的事件，它们是中性的，B 是指我们的想法和信念，C 代表我们的情绪和行为，积极的想法将产生积极的情绪和行为，消极的想法会产生消极的情绪和行为。接着，朱老师引导学生回到自己的情绪上。朱老师让学生们造句，"老师批评了我，我很开心，因为……"有学生回答："老师批评了我，我很开心，因为老师在乎我，关心我，关注我，老师让我了解到了自己的不足，我学会了理解老师。"还有学生说："我会等自己和老师心情都平静下来时，去和老师道歉，并和老师好好沟通。"经过这节课的讨论，学生们学会了正确表达情绪、管理情绪，并考虑他人的感受，这些是情绪智能的重要组成部分。[①]

在这则案例中，朱老师认识到学生的情绪需要表达和释放出来。朱老师先让学生去表达自己的情绪，朱老师以此认识到学生情绪背后的内心需求以及由情绪所产生的行为。在学生倾诉和释放完自己的情绪后，朱老师又教给学生分析自己的情绪和调控自己的情绪的方法，并让学生试着站在老师的角度去考虑他人的感受，理解他人情绪背后的原因。

---

① 朱芳.教给学生正确表达情绪的方法：一堂情绪教育心理课 [J]. 班主任，2014（5）：46-47.

值得注意的是，在帮助学生提高自我情绪认识的过程中，班主任也要调整好自己的情绪状态，在轻松、理智、宽容的前提下处理学生的情绪问题。

第三，开展安全意识指导。班主任能够教育学生树立珍爱生命、安全第一的意识，通过集体班会、实践活动、宣传交流等方式教给学生安全、卫生基本常识，提醒学生注重日常预防和自我保护，提高学生避险和紧急情况应对能力。

第四，班主任要注重保护学生的隐私。在班级日常生活中，总会遇见面临各种问题的学生，尤其是对于青春期的学生来说，他们的自尊心比较强，不愿让别人知道自己的隐私。当学生认为自己的隐私会受到保护时，他们更愿意向教师求助，敞开心门。

五、生涯指导

生涯指导旨在帮助和指导学生根据自己的兴趣、特点等制定职业目标和生涯计划，实现学校生活与未来职业生活的顺利衔接。生涯发展是涵盖人一生的循序渐进的发展过程。与其他各方面的指导内容相比，生涯指导是目前各中小学校中最容易被忽略的内容。

当前，随着社会的快速发展，社会竞争越来越激烈，而学生却很难实现从学校向社会的顺利过渡。在狭隘的学习观的影响下，各教育主体更关注学生的学习和生活，认为学生还未进入社会，不必考虑职业等问题。在这种观念的影响下，学生的学习和就业之间出现严重脱节，学生面对纷繁复杂的职业或者岗位不知作何选择。中小学阶段是培养学生未来生存能力的重要基础时期，如何让学生根据自身实际情况"会选择"？如何指导学生逐渐明确未来的职业方向，做出适合自己的选择，并设计出合理的职业生涯规划？这成为新时代教师必须要研究的课题，而以培养学生"学会选择"的生涯指导就成为解决这些问题的重要途径。

第一，班主任要正确认识生涯指导，对于各学段的指导要逻辑递进。生涯指导并不是只在高中学段进行，在基础教育阶段要全段进行，各学段可明确生涯指导的侧重点，逻辑递进。小学可重在引导学生了解自我并形成积极的自我概念；初中可侧重在了解工作与职业世界，并进行生涯探索；高中可侧重在引导学生根据对自我、对职业的了解进行生涯规划和准备，让学生最终学会选择，并成长为成熟的社会人，为实现自我奠定坚实的基础。①

比如，陆老师、吴老师和沈老师根据不同年级学生的身心发展特点及生涯规划的需求，设计贯穿高中三年的生涯规划载体体系，以生涯实践探索类的活动为主，让学生在参与实践的过程中逐步明晰自己的生涯路径，提高生涯决策力。其中，高一年级进行生涯测评、生涯人物访谈、研学旅行等；高二年级进行简历制作、模拟招聘会、职业实践实习等；高三年级进行志愿指导、大学探究报告、"我和大学面对面"等。同时，根据年级的不同，设计具有连续性的生涯体验和生涯实践活动，促进学生生涯的深度发展。比如，高一年级的生涯人物访谈活动，学生根据生涯人物访谈提纲，对身边的职场人士进行面对面的采访，并完成生涯人物访谈记录。通过访谈，了解职业和岗位的实际情况，获取相关职业领域的信息，以促进学生对自己感兴趣的职业的了解。高二年级的模拟招聘会活动，通过前期的简历制作比赛，学校对优秀简历制作者进行面试并选拔学生参加模拟招聘会，邀请不同行业的家长代表作为面试官，学生即兴准备自我介绍、生涯选择介绍，并回答面试官提出的各种问题。通过模拟求职过程，促进学生自身能力的提高，丰富学生的生涯体验。高三年级的"我和大学面对面"活动，学校邀请在读的大学校友回校和学生畅谈进入大学前后的成长

---

① 李明一. 学生生涯发展指导手册 [M]. 北京：北京师范大学出版社，2017：前言.

过程，就校友们所就读的专业和大学跟学生进行分享，让学生近距离了解专业及大学信息，通过榜样引领，激发学生成长内驱力。①

在这则案例中，几位老师根据高一、高二、高三学段学生的身心发展特点，设计了具有连续性的、逻辑递进的生涯实践活动，引导学生对职业的认识和体验逐步深入。同时，几位老师将枯燥的生涯指导融入实践探索类的活动，让学生在参与和实践中感受、体验自己对职业生涯的认识，逐步明晰自己的生涯路径。

第二，班主任做好生涯指导，要做好三项基础工作。一是了解学生，学生的爱好是什么？特长是什么？个性是什么？班主任要做到心中有数。二是了解岗位职责要求和社会发展需要。当前的岗位或未来的社会发展需要什么样的人才？学生需要具备什么条件、怎样做才能适应岗位和社会？三是了解生涯指导的基本知识。教师作为学生生涯辅导的主体，理应了解生涯指导的基本知识，否则无法有效引导学生。

第三，提升学生的生涯规划意识和能力，仅靠知识的教授和语言说教是达不到的；这种意识和能力的达成必须要通过在多种情境和活动中的参与和体验。因此，教师要充分挖掘各种资源，综合运用多种形式，比如课程渗透、主题班会、社会实践、小组合作、角色体验、研学旅行等，尤其要注重以活动为抓手，给予学生全方位的指导与帮助，促进学生的生涯体验，引导学生知行合一。

比如，段老师将职业规划、职业角色、职业精神、职业体验、职业适应等一系列生涯指导内容融入日常可见的班级岗位中，让学生通过职业岗位活动经历选择、实践和修正，知行合一，帮助学生实现其与未来职业生活的顺利衔接。主要内容包括：（1）师生合力设置班级职业岗位；（2）学生精心规划班级职业岗位；（3）学生认真履职班级职业岗位。当学生们都选

---

① 陆璐，吴宁，沈岩．生涯领航 筑梦未来 [J]．中国德育，2019（10）：53–55．

好自己的班级职业岗位后，接下来就要按照一定的职业标准从事工作，充分体现自身的职业精神和职业能力。学生们在某个岗位怎样履职算是不合格、合格和优秀，这需要一个特别细化的标准，而这应该是来自社会岗位的真正标准。于是，段老师让学生们在暑假进企业、政府和事业单位进行社会大调查，并寻求一个自己最喜欢的岗位进行职业体验，获得一定职业经验的同时，也让各个岗位的职业标准走进自己的内心世界。①

　　第四，班主任要重视家长在学生生涯规划中的重要作用，注重挖掘家长资源，争取家长支持，形成家校合力。

---

① 段云成. 在班级职业岗位中优化学生生涯规划 [J]. 班主任之友：中学版（上半月），2019 (7)：85–87.

第四节 学生评价：促进学生健康成长

中共中央、国务院 2020 年印发的《深化新时代教育评价改革总体方案》提出，学生评价要"坚持以德为先、能力为重、全面发展，坚持面向人人、因材施教、知行合一，坚决改变用分数给学生贴标签的做法，创新德智体美劳过程性评价办法，完善综合素质评价体系，切实引导学生坚定理想信念、厚植爱国主义情怀、加强品德修养、增长知识见识、培养奋斗精神、增强综合素质"。这指明了新时代学生评价的方向。学生评价要从推崇"分数主义"的"评分制"转向促进学生发展的"过程性评价"，从单一的"知识评价"转向促进每一个学生全面发展的"综合素质评价"。

一、学生评价的主旨

学生评价旨在"收集教育的过程、条件与成果等信息，对照教育目标，进行价值判断，而展开的调整并改进教育教学的活动"[1]。要做好学生评价，我们必须回归原点，追问"我们到底需要培养什么样的人"。这一问题思考清楚了，那我们对学生评价的方向和主旨也就明晰了。

当前的中小学生正处在一个发展变革的时代，经济全球化、社会信息化、文化多样化背景下，对人的知识、能力、素养等提出了更高需求。联合国教科文组织在《学习：财富蕴藏其中》的报告中指出，21 世纪的学习

---

[1] 钟启泉. 发挥"档案袋评价"的价值与能量 [J]. 中国教育学刊，2021（8）：67–71.

应围绕学会求知、学会做事、学会共处、学会发展、学会改变五个方面展开。北京师范大学学生核心素养研究课题组提出了学生核心素养的基本框架，以培养"全面发展的人"为核心，分为文化基础、自主发展、社会参与三个方面，综合表现为人文底蕴、科学精神、学会学习、健康生活、责任担当、实践创新六大核心素养。对"培养什么样的人"这一问题，很多学者都进行了研究。虽然每个研究结果都各有侧重，但最终的指向还是比较明确的，那就是"培养全面发展的人"，增强学生的综合素质。"全面发展""综合素质"是未来社会的"通行证"。基于以上分析，新时代的学生评价就要指向"学生的全面发展"。

另外，我们要认识到，每个学生先天的遗传因素不同，后天的教育和环境影响也不同，因此，每个学生的表现都是有差异的，每个人都是具有独特个性的生命个体。传统的"评分制"企图用一把尺子评价不同的学生，这对那些不擅长考试，但其他方面较好的学生来说是不公平的。因此，新时代的学生评价必须要关注到每一个活生生的人，指向促进每一个学生的全面发展，这样才能让每一个学生在最适合自己成长的环境中获得最好的发展。

二、学生发展性评价

学生发展性评价是一种以学生为主体、以促进学生发展为目的的教育评价，是学生评价的一种类型。发展性评价不同于传统的注重鉴定、甄别与筛选等导向的结果性评价，它以促进每个学生的全面发展为最终目的，更注重对学生发展过程的评价和反馈，更注重对每个个体的评价，更注重对学生多元发展的评价。学生发展性评价倡导的为了学生发展而评价、以评价为载体促进学生发展的理念正是新时代学生成长评价的核心诉求。

基于以上对学生发展性评价特点的理解，教育工作者在对学生进行发展性评价时要从评价内容、评价方式等方面做好学生的教育评价工作。

第一，在评价内容上，要体现评价的全面性和发展性。传统的学生评价内容更注重学生的学习成绩，忽略了学生其他方面的发展，比如品德、个性、思维品质等，这和国家倡导的"立德树人""促进学生全面发展"等思想是相违背的。因此，学生发展性评价的内容要立足于全面性、多元性，关注学生成长的各个方面。习近平总书记在 2018 年全国教育大会上提出，要努力构建德智体美劳全面培养的教育体系，形成高水平的人才培养体系；中国学生发展核心素养也从文化基础（人文底蕴、科学精神）、自主发展（学会学习、健康生活）、社会参与（责任担当、实践创新）等方面提出了学生多元发展的素养。因此，学生发展性评价内容要基于以上要求，立足学生德智体美劳全面发展，构建学生发展性评价内容。

第二，在评价标准上，要注重评价的客观性、公平性、真实性和差异性。班主任面对全班几十个学生，评价时要客观、公平、真实，关注到每一个学生，不能根据喜好对一些学生表现出偏爱和热情，对其他学生忽略或怠慢。由于每个学生的认知、能力等都不相同，学生评价也要"因材施教"，不能"一刀切"。

第三，在评价方式上，重视大数据的使用，注重多元化。在大数据时代，班主任基于学生德智体美劳多方面评价内容，充分利用现代信息技术手段，科学收集学生发展信息，为每个学生建立数据库，同时要科学分析学生数据，客观了解学生的成长轨迹。另外，学生成长不受时空限制，因此，评价方式要关注学生成长的各个场域，让学校、家庭等场域的主体都能参与学生发展性评价。

当前，成长档案袋作为一种主要的发展性评价方式，在中小学被广泛应用。成长档案袋能弥补其他评价方式的不足，允许学生个体差异的存在，可以展示个体在学习过程中所做出的努力和成长的经历，还有发展个体薄弱领域的机会和空间，它可以在学生学习过程中用来评价学生的状态。成长档案袋的外在形式并不固定，只要能够储存学生成长的信息即可，可以是物质形式的文件袋、文件夹，也可以是存储在电脑中的电子文件夹。

成长档案袋的构成要覆盖学生的全面发展情况，包括学生的思想品德、学业水平、身心健康、艺术素养、社会实践等各个方面。班主任在使用成长档案袋的过程中，要注意把握几个事项：第一，成长档案袋要"一人一袋"，且要长期坚持。因为成长档案袋是基于个体差异所实施的一种评价方式，所以"一人一袋"是基础。另外，档案袋评价是立足于学生发展的，因此档案袋评价是长期的，而不能断断续续、可有可无。第二，在建立档案袋前，班主任要和学生达成共识，引导学生明确建立成长档案袋对其发展的价值、目的，收集哪些材料，如何使用等，以调动学生参与的积极性，便于学生操作。第三，为了让成长档案袋真正发挥其价值，师生之间要展开相关的讨论，比如"怎样制订目标""怎样制订计划""哪些作品是好的""你如何看待自己"等，通过讨论引导学生一步步深入思考。

比如，张老师在学生成长记录袋评价方面做出了有益的尝试。首先，在成长记录袋的封面设计上，封面上的栏目由师生协商确定，每个栏目的填充内容也进行了详细说明。

同时，张老师引导学生创造性地使用成长记录袋：（1）学生随意放。学生在记录袋中可以随意放入自己满意的作品。一开始，学生放的材料大多是活动计划、调查问卷、收集的资料、日记等。（2）对学生放入的材料提出一定的要求。引导学生向善于积累自主、合作、探究学习的过程、方法、结论等材料的方向发展。（3）展示性地放。让学生说出放入材料的理由，引导学生对自己的作品进行鉴赏，还可以让学生将材料当众展示。让他们正确认识到成长记录袋在学习中起到"学习足迹的见证"的作用。（4）把成长记录袋作为学习反思的材料。在学习过程中，指导学生不定期或定期地（如每周、月、学期一次）翻阅其中的材料，让学生自己分析学习历程与现状，评价自己学习的态度和学习特点，并及时更改和补充材料。①

在这则案例中，张老师为突出学生的全面发展而采用了"成长档案袋"的评价方式，在向学生讲清使用成长记录袋的意义和作用的基础上，侧重引领学生收集、记录过程中的具体情况，并不断反思，做出相应的调整。在这种评价方式的引领下，每个学生在教师心中都是"如数家珍"，每个学生的参与意识、分析能力、探究能力、表达能力等都会得到不断提高，各方面得到全面发展。

除了成长档案袋评价，班主任在平时也要恰当运用口头、书面、非语言等多元评价方式，准确把握好学生评价全面、鼓励、真实、发展、公平、差异原则，有效发挥评价的引导、诊断、改进、激励功能，促进学生全面发展和健康成长。

"班主任要努力成为中小学生的人生导师"，这是国家对新时代班主任的角色期待，更是新时代班主任专业发展的诉求。班主任在引领学生进行班级建设的同时，要将工作的着眼点放在学生发展指导上，为每个学生提供适合的教育，让每一个学生都能主动地、生动活泼地发展，让每一个学生都有人生出彩的机会。

---

① 张永丰.成长记录袋的设计、使用与反思 [J]. 当代教育科学，2003，(22)：45–46.

第五章

新时代中小学班主任的核心素养
——沟通协调能力

学校、家庭、社会都是学生成长的重要环境，促进学生健康成长是学校、家庭和社会的一致目标和共同责任。2019年，中共中央、国务院印发的《中国教育现代化2035》，提出要"重视家庭教育和社会教育"，家校社协同育人的重要性被提到了前所未有的高度。2023年1月发布的《教育部等十三部门关于健全学校家庭社会协同育人机制的意见》提出，到2035年，形成定位清晰、机制健全、联动紧密、科学高效的学校家庭社会协同育人机制。班主任作为中小学生健康成长的引领者，在学校家庭社会协同育人中发挥桥梁和纽带作用，应自觉承担起沟通协调的责任，推动学校、家庭、社区（社会）等各种教育力量形成教育合力，努力构建学校家庭社会协同育人共同体，全方位促进学生全面发展和健康成长。

第一节 新时代中小学班主任的"协同观"

当前，青少年教育工作面临许多新的形势与挑战，急需学校教育、家庭教育和社会教育充分发挥教育合力。新时代班主任应树立正确的"协同观"，将立德树人根本任务落实到位。班主任对育人协同效应的深刻理解并将之作为带班实践的基本看法，被称为班主任的"协同观"。

一、协同育人的根本目标和基本标准是立德树人

教育的本质是培养人。首先，学校家庭社会协同育人的根本目的是立德树人。立德树人不只是学校教育的任务，也是学校、家庭和社会的共同任务。班主任要将实现学生的德智体美劳全面发展引导成为班级、家庭、社区的共同目标和核心价值追求。其次，衡量协同育人成效的基本标准，同样也是立德树人。协同育人的落脚点是育人，衡量协同育人工作成效的根本标准是看其在促进人的发展，即立德树人上的成效。在班级层面协同育人的基本标准，即班级学生在知识学习、身心健康与道德品质的协调发展情况。

二、协同育人的主导方是学校和班主任

学校教育、家庭教育、社会教育三方有不同的教育方式、职责范围、影响价值，在学生成长过程中也有不同的教育功能。家庭教育是习惯培

养、品行养成的首要环境，学校教育是智力发展、品德修养的主要阵地，社会教育是学生能力发展、品格完善的重要平台。班主任要清晰认识，家庭和社会的影响是可以通过一定方式实现有意识、有组织地与学校教育达成统一的，三方统一影响的主导力量在学校，而学校的核心执行者就是班主任。班主任是实现学校家庭社会协同育人的中坚力量，有责任建立协同育人的组织机制，提出协同育人合作内容，创新家校社协同育人运行方式，使家庭教育、社会教育的影响和学校教育的影响达成一致。

三、协同育人的主要内容是班级建设和学生指导

班主任作为家校社协同育人的主导者，需要从"协同"角度来考虑班级建设和学生指导。家校社的合作机制、合作内容和合作方式，是以班级建设和学生指导为载体的。在班级建设上，班主任应具有"开放式班级建设"的设想，在班级标识研制、班级愿景描绘、班级活动设计、班级活动准备、家长合作互助等事项上充分考虑"协同"，要将协同机制、内容和方式全部纳入班主任育人方略视野。在学生指导上，班主任应在班级课程开发、课后服务提供、实践体验基地、评价反馈改进、个别指导方案等事项上充分考虑"协同"。

真正实现班级、家庭、社区协同育人的系统，能从一个方面推断出另两个方面的工作效果。从家长职业优势和特点，可判断出班级的特色课程和活动；从社区资源和条件保障，可判断出班级课后活动的丰富性和广阔性；从班主任带班风格和效果，可判断出教育团队和教育资源的规模。

四、协同育人的根本途径是"制度化合作"

协同育人的"制度化合作"，是以"制度化"方式授权的"实质合作"。

它既不是单向联系，表现形态为发送通知、布置任务的"表象合作"；也不是双向联系，表现形态为征求意见、处理杂事的"象征合作"。班级、家庭、社会三方"制度化合作"表现为：一是作为基础的家庭教育。当家庭面向学校时，要承担"参与反馈"的职责。家长定期与班主任沟通交流孩子的表现，充分发挥自身职业优势为开展班级活动提供资源支持。当家庭面向社会时，要承担"挖掘利用"的职责。家长应充分挖掘社会的教育资源和平台，增加孩子的实践体验。二是作为核心的班级教育。当班级面向家庭时，要承担"制度建设"的职责。班主任要建立以班级家长委员会为代表的家校协作组织，健全家校共育工作制度，明确家校合作的内容和方式。当班级面向社会时，要承担"研究协作"的职责。班主任要研究、了解社区和社会的资源条件以及对学校的需求期望，要形成与社区合作事项的具体操作方案。三是作为保障的社会教育。当社会面向学校时，要承担"支持配合"职责。社区和社会要通过固定的沟通渠道与学校和班主任建立联系，了解班级活动对于师资、场地、设备等方面的需求。当社会面向家庭时，要承担"宣传引导"职责。通过社区、媒体、机构的配合服务，为开展家庭教育活动提供指导。

第二节 校内教育力量的沟通与协调
——形成教师育人共同体

教育是一项系统工程，需要发挥好学校所有部门、所有教师的力量，才能更好地促进学生成长，其中尤其要注重协调任课教师的力量。

一、协调任课教师力量，形成班级教师育人共同体

班级的管理者不只包括班主任，任课教师也是授课班级责任教师，对班级及每个学生负有教育培养的责任，是影响学生成长的重要因素。班主任应充分了解本班任课教师，尊重、信任任课教师，努力激发任课教师参与班级教育的热情，彰显任课教师的教育智慧和魅力，形成教师之间的诚心合作，与任课教师结成班级育人共同体，发挥集体育人力量。

（一）了解任课教师，建立相互信任的合作关系

班主任应通过多种途径，充分了解任课教师特点，包括基本情况、性格特征、兴趣特长、教学风格及要求、与之前学生的关系等，激发任课教师参与班级工作的热情，使其融入班级，成为学生成长重要助力。

班主任可在开学之初通过视频、照片、个性名片、邀请教师现场发言等多种方式向学生宣传、介绍任课教师优点，对于优秀教师和年长教师，多介绍他们的教学业绩、所获荣誉；对于年轻教师，可以多介绍他们的学历、性格、特长等，从而帮助任课教师在学生和家长中树立良好形象，建

立信任关系，为开展好课堂教学打下坚实的基础。

　　班主任也要关注任课教师在校工作细节，拉近彼此距离。可以组建班级教师群，与任课教师随时随地互动交流；也可以利用空闲时间和他们聊聊家常，谈谈工作中的困惑与烦恼，争取与他们达成教育共识；还可以共享学习资源、学生信息、工作困惑，一起探讨交流，共同实现专业成长。

　　比如，林老师接手三年级（1）班后，立刻组建了由她和所有科任老师组成的微信群。这个群里，没有领导，没有任务，没有工作指标，大家能随意沟通。老师们会聊下午茶点什么，吐槽某个学生又不交作业，共享某项被催缴的材料，等等。就这样，林老师和科任老师成为朋友，这时再去探讨"共同的"班级里的那些事，就顺理成章了。她会认真听取老师们反映的班级问题，获取了更多学生信息，了解学生动态。当科任老师抱怨某学生时，她会介绍自己了解到的学生情况，让科任老师更了解学生行为背后的原因。通过组建小分队，林老师和所有科任老师形成志同道合的协作关系与朋友关系，达成了教育学生的共识。①

　　班主任还应与任课教师相互学习，共同研究，形成协同育人专业团队。在研究过程中，班主任和任课教师不同的知识结构、认知方式，对问题的不同解读和解释，能碰撞出富有创新性、高层次的思路与智慧。研究中也会遇到困难、困惑，而攻坚克难的经历会让教师们体会到"患难与共"的同侪情义和创造的快乐。

　　在新高考改革背景下，很多中学实行了"走班制"。在"走班制"班级里，班主任平时和学生沟通的时间更少，与教学班任课教师的交流显得尤其重要。首先，要主动与教学班任课教师取得联系，尊重、信任他们，如实向他们介绍本班学生基本情况，使他们感受到"被尊重""被需要"，主动配合班主任工作；其次，要经常向教学班任课教师了解学生课堂表现和学

---

① 林玲."英雄"联盟，谁与争锋 [J]. 班主任，2020（8）：57–58.

习情况；最后，可邀请任课教师参与班级管理，与他们共同研讨、制定学生成长方案，协商解决课堂纪律、作业管理、学生评价等问题，构建起管教合一、全程全员育人的新机制。有学校还建立"导师制"，为每个学生配备成长导师，班主任也要与班级学生的导师形成密切配合，确保学生管理和教育时空全覆盖，更好助力学生成长。

总之，班主任要利用多种条件与任课教师形成一种团结互信、合作共赢的同事关系，与任课教师一起组成强有力的育人团队，增强教育合力。

（二）支持任课教师工作，协助解决困难和问题

为了增进任课教师对学生的了解，班主任要主动地向任课教师介绍本班学生的情况和存在的问题，特别是在一些特殊学生出现问题时更应及时反馈给任课教师，与他们协调教育理念和教育方式。同时，班主任也要及时反映学生对科任教师的意见和要求，帮助任课教师及时调整教育教学方法。班主任平时要多引导学生关心任课教师，在任课教师与学生之间发生矛盾时，要讲究沟通艺术，善于化解班级师生间的矛盾。

比如，面对班里某男生不分时间场合特别容易动怒，甚至在课堂上也会因很小的事情发火的问题。刘老师了解到，这个孩子的主要问题是不善与人沟通，不懂得在遇到挫折和委屈时应如何处理。为更好地帮助他，刘老师与班里每一位任课教师沟通，达成共识，对这个孩子以安抚和疏导为主，不一味指责，指导他如何处理问题。由于及时与任课教师沟通，避免了他与老师在课堂上的冲突，使他逐渐学会了处理问题的方法，学会控制自己情绪。[①]

班主任要发自内心地尊重、信任任课教师，积极主动地帮助任课教师解决教育教学中的困难问题，帮助他们适应班级教学工作；在征得科任教

---

① 刘丹.联手任课教师，团队协作育德 [J].班主任，2015（3）：25–26.

师同意后，班主任还要多听他们的课，了解他们的教学情况，与他们探讨课堂教学中存在的问题，共同探讨适合本班学生特点的教学策略和方法；要选拔最优秀的学生担任课代表，并加强对课代表的培训和帮扶，协助任课教师开展各方面工作。同时，班主任还要尽量参与任课教师的教学常规工作，这样不仅能沟通与任课教师的情感，形成紧密的教育团队，班主任还可以全面了解本班学生学习情况，有利于开展班级教育工作。对于管理能力较弱的任课教师，班主任还应协助他们做好课堂管理工作。

任课教师往往从自己所教科目出发安排教育教学活动，有时会因为相互之间沟通不到位而出现一些问题。这就需要班主任进行协调。特别是调课问题和作业布置问题，更需要班主任做好协调，防止出现教师抢课、课后作业布置超量等问题。可以定期召开任课教师联系会，讨论、交流班级学生的学习、生活情况和各学科工作安排，也可以建立班级教师群，通过网络等便捷方式及时沟通交流。

班主任要特别重视任课教师的意见反馈，从中及时发现班级管理的问题。如果能及时解决，更会赢得任课教师好感，并能把班级问题消灭在萌芽状态。与此同时，认真倾听、重视任课教师反馈的班级管理问题会让科任老师感受到充分尊重，及时、可见的解决效果也让任课教师更愿意参与班级教育。

（三）发挥任课教师力量，为班级发展助力

班级管理是一项创造性很强的活动，需要各科教师协同管理、共同探索。班主任要用好任课教师力量，让他们积极参与班级活动，为班级发展建言献策，用实际行动助力班级发展。

班主任应主动与任课教师沟通，将自己的教育理念和班级管理思想、拟采取的教育措施告诉他们，认真听取他们的意见和建议，努力与任课教师达成共识，并尽可能地落实在行动上；主动创造条件让任课教师多接触

班级事务，邀请任课教师参与班级教育与管理工作，充分发挥任课教师的积极性和创造性。特别是在班级发展中的一些重大事件上，如班级发展愿景与目标的规划，班级重大活动的策划、组织与实施，班级各项制度的制定，班干部的选拔，学生综合素质评价等，一定要主动征求任课教师的意见，寻求他们的支持和配合。如此，任课教师不仅会感受到尊重与信任，还会对班级各项工作更加信任、支持，产生代入感，会把这个班当成"我们的班级"，会更加关心班级发展和学生的成长进步，更愿意为班级发展贡献自己的力量。

活动是建立师生良好关系的重要途径。邀请任课教师参加班级活动，一方面，可以让学生看到任课教师的不同方面，展示任课教师课堂之外不为人知的才能，让学生更崇拜他们；另一方面，可以让任课教师更加全面地认识学生，对教师教学也有帮助。同时，通过参加班级活动，任课教师也更容易产生对班级的亲切感和融入感，更愿意把班级当成自己的"家"，激发与班主任合作共同建设好"自己的班级"的热情。班主任可邀请任课教师参与主题班会、联欢会、社会实践等，参与具体活动；可在元旦、妇女节、教师节等节日为任课教师送上亲手制作的小礼物或祝福视频；可在期末总结时安排专门环节为任课教师颁奖或请任课教师担任颁奖嘉宾为学生颁奖；可在每次上课前为任课教师准备一杯温水，在任课教师生病时送上一盒药；可在举行或参加体育节、艺术节、科技节等活动时，邀请相应科目或有相关特长的任课教师担任指导教师，并在比赛获奖后及时与任课教师分享荣誉，表达感谢等。

比如，为了让学生真切感受老师的付出，让任课老师体验幸福感和崇高感，助力班级成长，苗老师在教师节举办了"班级最美教师"颁奖典礼。首先，安排学生寻找任课教师五个感人细节，引导大家感受任课老师平凡中的大爱、平淡中的智慧；然后，全班分为十个小组，每个小组负责为一位任课老师寻找亮点、撰写颁奖词。为了让颁奖典礼更加引人入胜，他把

"某老师最动人的五个细节或优点"内容设计成了"猜猜他是谁"活动，在猜一猜的过程中引领学生感受教师灵魂的闪光。这一活动也成为整个颁奖典礼最"嗨"的环节。他们还为每位老师印制了写有颁奖词的奖状，由各科课代表负责邀请任课教师，并颁发奖状。①

课堂教学是育人的主渠道和重要阵地，任课教师要围绕课程目标，精心安排教学内容，智慧开展学科活动，创新设计个性化作业，潜移默化地培养学生的道德品质、价值观念、创新精神和实践能力。班主任也要与任课教师一道，研究学生发展需求，发掘学科育人丰富资源，创新学科育人内容、途径和方式，整合不同学科教育资源和力量，开展综合性、创新性的班级活动，把班级变成学生成长发展的平台。

比如，班主任在征得各学科老师同意后，以"爱科学"为主题，整合各个学科，设计班级活动，让学生了解纸的过去、现在、未来，学会合理使用纸。体育老师指导学生进行"纸飞机飞上天""纸团往前飞"等活动；自然老师讲授"纸的制造和种类"，探究纸的来历；美术老师教折纸花、小动物；音乐老师教唱歌曲《我是纸》；语文老师开展"未来的纸"写作……。各学科老师围绕一张纸进行全方位渗透，孩子们渐渐对纸产生浓厚兴趣。班主任也开展了"寻找我们生活中的纸"活动。在"我们所了解的纸"班会课上，学生分小组汇报了生活中不同类型的纸。②

当班主任的一些工作引起学生或家长误解时，也可请任课教师介入，帮忙补充说明或从中转圜，增强说服力和可信度，有时可以起到事半功倍的效果。

比如，班里一名成绩优异但缺乏集体意识的学生在评优中没有获奖，家长跑到办公室质问石老师。石老师请家长坐下后，顺便介绍了坐在旁边

---

① 苗旭峰."班级最美教师"颁奖典礼 [J].班主任，2020（10）：28.

② 陆敏.融合学科资源，创新班级活动 [J].班主任，2018（4）：28–31.

的英语老师和语文老师，然后平心静气地跟家长解释："我们综合考虑了各位任课教师的意见，孩子在积极参加集体活动方面还有待提高，为班集体所做的贡献较少，在帮助同学方面稍微有些欠缺，您可以顺便和英语老师了解一下，她作为英语课代表还有哪些地方需要提高，也可以和语文老师聊聊。咱们为下次能够评优继续努力！"接着，英语老师跟家长解释了孩子还有哪些不足，担任年级主任的语文老师也指出孩子在纪律方面的问题。家长听后信服了，语气和表情明显都缓和了很多。①

在此案例中，有了任课教师的佐证，家长更能接受班主任的意见和建议，为后续家校协同助力学生成长打下良好基础。

（四）建立制度化协同机制，形成班级育人共同体

要真正发挥好任课教师的育人作用，使任课教师真正成为班级建设和学生教育的主体和骨干力量，离不开学校的支持帮助，特别是要建立合理的班级管理工作机制，把"班主任一人负责制"改为"班级教师集体育人制"，形成班级育人共同体。

当前，越来越多的学校建立了副班主任制度，即除班主任外，还有一名任课教师担任副班主任，与班主任密切配合，做好班级工作。这在一定程度上分担了班主任的工作压力，完善了班级管理和育人制度。但也有一些学校存在班主任与副班主任职责不清，甚至副班主任只是"挂名"的现象。这就需要学校进一步明确班主任与副班主任工作职责，主动深入班级了解学生情况，协助班主任做好各项教育管理工作，开展好各项班级活动，做好家校沟通、学生评价、个别教育等其他各项工作，在班主任有事外出时更要主动承担班主任各项职责。同时，年轻的副班主任要主动在工作中向班主任学习，为以后担任班主任做好准备；有经验的副班主任要加

---

① 石婷婷.借力科任老师，消解家长质疑 [J].班主任，2020（12）：58.

强对年轻班主任的指导和帮助，协助班主任尽快成长为合格甚至优秀的班主任。

　　学校也要改进工作制度，探索建立任课教师与班主任责任共担、荣誉共享的机制，从制度上把班级教师团队建设为班级育人共同体。在这方面，很多学校做出了有益的探索与创新。

　　比如，南京外国语学校仙林分校把班主任一人负责制改为班级教育小组共同负责制。小组由4名老师、2名学生代表、2名家长代表组成。4名教师包括体育、音乐、美术等小学科老师，为班级管理主要负责人，设组长一名，共同管理好班级。教育小组的教师进行了具体分工，有的负责主题班会的组织，有的负责集体活动的组织，还有的负责帮扶困难学生等。另外，教育小组每周都会集体处理班级问题，商量下周工作安排；每月还会对班级学生进行集体"诊断"，制定指导方案。①

　　上述案例中的做法真正实践了全员育人的理念，调动所有教师积极性，也有利于教师全面、客观地评价学生，更好地促进学生全面发展。

　　此外，还有很多学校实行"导师制"，把班主任的部分职责分配给相应导师，每位导师负责指导若干名学生，全面负责学生学业、德育、生活、心理甚至生涯发展，这也是深入推进全员育人、德育一体化的有益探索和尝试。

　　比如，浙江省丽水学院附属中学实行"德育导师制"，以落实"每一个教育工作者首先是德育工作者"的学校理念。在"整体、合作、优化"的原则指导下，将班级德育的诸多目标、任务分解到担任"导师"的任课老师身上，导师既教书又育人，既管教又管导，从而形成整体合作、优化班级教师管理群的一种班级管理模式。导师的职责是对学生进行思想引导、

---

① 钱红艳.南外仙林分校首尝取消班主任，改由教育小组管理班级，改革覆盖小学至高中120多个班级 [N].南京日报，2010-10-13（A08）.

学业辅导、生活指导、心理疏导。重点是对学生思想和心理的细微变化的关注，并以朋友身份作为其成长的指导者，架起师生间的"心灵桥梁"，满足学生个性化发展。①

当然，即便不担任副班主任或导师，所有任课教师也应具备"副班主任"意识，改变班级管理"只是班主任一个人的事""任课教师只教书不育人"等错误观念，主动与班主任交流学生情况和班级问题，加强课堂管理，做好课程育人，积极参与班级各项教育活动。

二、协调学校各部门力量，形成学校育人共同体

班级教育工作的正常运转和学生的健康成长离不开学校领导与相关部门的支持和帮助。班主任要在学校制度统一安排下，发挥自身积极性和主动性，努力协调学校领导、各职能部门、各种团队组织的教育力量，为班级建设和发展服务，为学生成长助力。

（一）配合学校和各处室工作，共担学生教育职责

班主任要做学校领导的得力助手，服从服务于学校教育教学的大局。要在学校办学理念、目标指引下，按照学校工作计划开展好班级各项工作。班级工作与学校工作有冲突时，要尽量服从学校统一安排，或做好协调安排，尽量和学校各级领导、各部门紧密配合，共同担负起对学生的教育责任。

学期初，班主任要主动询问学校各项工作安排，结合学校工作要求制订好本班工作计划；要按照学校教育计划和工作安排，创造性开展班级教

---

① 魏强.打造阳光的班主任队伍：专访浙江省丽水学院附中校长陈继理[J].班主任，2012（4）：11-12.

育活动；对于学校德育处、教导处、后勤处等相关处室和年级组组织的各项活动、布置的各项任务，要积极配合，认真完成；要积极配合学校团委、少先队大队开展工作，支持和鼓励学生参加学校团委、少先队大队组织的各项活动；要积极动员学生参加各类感兴趣的社团活动，丰富课余生活，与社团指导老师沟通协调，及时了解学生在社团的表现，促进学生德智体美劳全面发展。

此外，班主任还要与课后服务教师做好对接，第一时间向课后服务教师介绍班级学生情况，及时了解学生参加课后服务期间的各方面表现，协助课后服务教师解决学生在学习和活动中出现的问题，引导学生积极参加各类社团活动和兴趣小组，广泛培养各种兴趣爱好。

（二）利用学校专业团队力量，形成学校育人共同体

班主任也要利用好学校德育处、年级组、教导处、后勤处、医务室、心理室等各类专业团队的力量，为班级建设和学生教育服务。

学校的专业团队和资源却可以为班主任提供支持，为班主任所用。班主任可以利用校团委、少先队大队组织的入队仪式、入团仪式、六一儿童节、五四青年节等契机组织学生开展团、队活动，帮助学生树立远大理想和坚定信念，培养爱国主义精神，树立科学的世界观、人生观和价值观；要及时向心理教师、医务人员等专业人士寻求帮助，共同做好出现心理问题以及青春期常见问题学生的教育工作，做好出现青春期正常生理问题或轻微受伤学生的常规卫生处理和保健教育工作；要利用学校艺术节、科技节、体育节、文化节等各项活动和其他主题教育活动，促进学生德智体美劳全面发展，必要时可邀请学校专业教师、家长和校外专业人士对学生进行专门指导；可以借助学校德育处力量，共同教育引导转化问题比较严重的"后进生"，劝服"难缠"家长；可与同年级其他班级的班主任加强沟通交流，进行集体备课，互相出谋划策，携手解决学生成长中的共性问题和

疑难问题。总之，班主任要善于用好学校各部门、各种育人组织、各位老师的教育力量，形成学校育人共同体。

比如，班主任王老师认为学校每年的运动会都潜藏着促进学生发展和心灵内省的多种契机，班主任只要善加利用，就可以将其与班级特色活动结合起来，变成班级学生开展的节点性特色活动。于是，每年的运动会开幕式都是当年班级体育社团的一项集体项目展示：三年级在运动会开幕式上展示的是玩转呼啦圈，四年级展示的是篮球社团设计的街头篮球，五年级展示的是拉丁舞，六年级展示的是学生自编自导的街舞。[①]

班主任职责有限，需要学校为班主任协调校内各种教育力量方面提供支持、便利和更专业的制度化安排。比如，可以探索建立"班级备课组"制度等，在班主任组织下，各科老师、年级组组长、教导主任和学校领导共同研究班级中出现的各种问题，形成教育合力，解决班级中存在的问题；可以组建学校班主任工作室，定期举行交流研讨活动，邀请优秀班主任和德育专家分享经验，进行指导，请年轻班主任分享困惑和感悟，取长补短、学习提高等，从而引导教师愿意担任班主任，激励班主任长期坚守班主任岗位，提升育人能力。

---

① 王怀玉．班级特色活动建构与班主任思维品质提升 [J]．班主任，2018（10）：21–24．

第三节　与家长的沟通与合作
——形成家校育人共同体

家庭和学校是学生生活最重要的两个空间，家长与教师是学生成长过程中最重要的陪伴者、指导者。只有家校之间密切配合，形成育人共同体，才能促进学生健康成长。班主任要建好、用好家长委员会，建立健全家校合作机制；要与家长建立畅通的沟通渠道，形成信任互助的良好关系；要指导家长开展好家庭教育，发挥家校育人合力。

一、组建家长委员会，形成家校合作机制

良好的家校合作有赖于家校合作机制的建立。家长委员会（简称"家委会"）是一种非常好的家校之间制度化的沟通机制，在家校沟通和协同教育中发挥着重要作用。2012 年，教育部印发《关于加强家庭教育工作的指导意见》，要求"各地教育部门要采取有效措施加快推进中小学幼儿园普遍建立家长委员会，推动建立年级、班级家长委员会"。2023 年 1 月发布的《教育部等十三部门关于健全学校家庭社会协同育人机制的意见》提出，到 2035 年，形成定位清晰、机制健全、联动紧密、科学高效的学校家庭社会协同育人机制。组建班级家委会有利于做好家长工作，及时向班主任反映其他家长的意见和建议，有利于协助班主任做好学生教育工作，有利于家长了解并配合班主任开展教育、教学工作。

为了组建好班级家委会，班主任要熟悉每一个家长的基本情况，包括

学历文化层次、工作性质、性格特长等，要通过班主任推荐、家长自愿申报或民主推荐的方式，选择热心参与班级事务、在家长中具有较强的威信、有一定组织能力、时间相对充裕的家长参与班级家长委员会，使家委会成为家校沟通的桥梁和纽带，协助班主任做好家校沟通工作，组织更多有兴趣、有能力的家长积极参与班级教育，为学生成长保驾护航。家委会建立后，要尽快明确工作目标和职责，制定相关制度、工作方案和计划，做好分工，按计划定期开展活动。

比如，根据学期班级工作情况，叶老师执教班级的家委会设置了如下职务，让家长们自选担任。会长：负责家委会的全面工作。秘书长：负责处理家委会的一些日常事务，协助会长工作。爱心大使：协助班主任为孩子的集体生日会服务，如布置教室、摄影留念等，还要协助登记家长们献爱心的情况等，负责颁发"爱心小奖状"。读书大使：协助开展班级读书活动，如给孩子介绍良好读书习惯，向家长推荐家庭教育方面的好书等。活动大使：协助开展班级社会实践活动，负责外出联络、交通安排等。资料大使：协助收集班级教育教学所需的相关资料，如网络、报刊、电影等。秘书大使：负责家委会每次工作会议的通知和召集，联络安排会议地点并负责整理会议简报等材料。经过与家委会成员讨论，进一步完善了家委会组织建设：一是制定了班级家委会章程，明确了家委会的职责和义务，并制订新学期家委会工作计划，职责分工到位；二是根据学生家庭住址就近划分区域，每个家委会委员负责一个区域家庭的组织、联络工作，也负责向这些家庭传播正确教育观念及收集反馈意见；三是制作、发放全班家长联系卡，让家长们明确自己所在区域的家委会成员及其联系方式。[①]

班主任要引导家委会发挥好智囊团、宣传队、连心桥作用，在家庭教育、特殊学生辅导、个别家长教育指导、对学生校外活动的监管等方面发

---

① 叶茂.家长委员会：孩子成长的"助推器"[J].班主任，2009（2）：32-33.

挥重要作用。班主任要指导家委会参与班级管理，对班级工作计划和重要决策，特别是事关学生和家长切身利益、学生安全和健康等事项提出意见和建议；可协助家委会开展教育工作，发挥家长专业和资源优势，为班级教育活动提供支持，为学生开展社会实践活动提供志愿服务；可与家委会一起组织家长培训，帮助家长完善家庭教育理念，提升家庭教育水平；可请家委会成员担任班级活动志愿者，一起策划、组织、实施校外实践活动，并做好各方面保障，可以请家委会成员帮忙做好个别家庭教育理念存在问题的家长的帮扶引导工作或帮忙解决学生、家长之间的矛盾冲突等。

比如，王老师的班级有部分学生的父母常年在外地打工，很难及时教育管理自己的子女。鉴于此，班主任和家委会成员与班级的"留守学生""结对子"，当学生的"代管家长"，积极承担"留守学生"监护职责，做学生生活知情人、学习引路人、成长保护人。同时，利用家委会成员的社会影响力积极争取有关单位、社会各界的爱心支教人士，把强大的教育合力渗透到"留守学生"生活、学习、成长的各方面，让"留守学生"感受到来自社会的关爱。[1]

然而，当前个别学校和班级家委会在组建和运营过程中逐渐走了形式、变了味道，变成了"拼爹会""赞助会""资源会"。这样的家委会不仅无法发挥家校沟通的桥梁纽带作用，还可能激化家校矛盾，影响家校关系。这些乱象都应当引起学校和班主任的注意。

二、畅通沟通渠道，建立家校信任关系

合作的前提是了解，只有增进家校之间的相互了解，才能真正建立起相互信任的关系，家校合作才有实现的基础。每个家长对自己的孩子都有

---

[1]　王云雨.我班家委会的特殊工作[J].班主任，2013（5）：45-46.

天然的爱的情感，都希望自己的孩子能健康地成长，因此，家长必然是学校教育的同盟者。班主任要注重畅通与家长的沟通渠道，了解家长的心理和需要，了解学生的成长环境和表现，同时还要把自己的想法告诉家长，与家长共同研究教育方法，使二者形成合力，产生协同效应，促进学生健康发展。

（一）网络沟通

随着互联网技术的飞速发展，微信、QQ、学习通等网络软件已成为班主任家校沟通的重要手段，很多班级建立了QQ群、微信群。这种"互联网+"家校沟通模式打破了传统家校互动的时空界限，拓宽了家校沟通渠道，让家校沟通更加及时、顺畅、有效、充分。

很多老师利用微信、钉钉、腾讯会议等网络平台发布学校相关通知，开展师生家校在线交流，引导学生开展各项学习任务打卡，分享体育锻炼和居家学习生活视频、照片，召开班会、家长会，举办家长微讲堂、学生微课堂等，在促进学生健康成长方面发挥了重要作用。

当然，运用网络方式进行沟通交流，要制订具体计划，做好充分准备，做到有的放矢。特别是使用微信群、QQ群等方式进行沟通时，一定要做好群管理。

比如，六（1）班的郭老师就为家长微信群建立了群规。

六（1）班家长微信群群规

1. 群名称："永葆童心"。希望孩子们快乐成长，也希望家长陪伴孩子快乐成长。

2. 群目的：发布班级通知，分享班级活动情况，交流子女教育经验。

3. 群宗旨：尊重、爱心、平等、互助。

4. 群昵称：格式为"学生某某家长__家长姓名"，例如"小茜家长__某某"。

5. 交流内容：严禁发布任何危害国家利益的言论，不散布消极有害的言论。

6. 群要求：请勿发布任何广告（包括各种课程推介）、链接、图片、文字及未经证实的信息。反对在群内发布有"炫富"嫌疑的照片和信息。除特殊情况，每天早 8 点前、晚 10 点后尽量不在群中发布信息。禁止对外泄露群友个人资料信息和照片。

7. 传播正能量：如果您对班级管理、学校教育或其他相关事务有意见，先与有关人员私聊，尽量不要在班级群内公开讨论。当确有必要在群内讨论时，可向群主申请。[①]

在上述案例中，郭老师通过制定群规，约定好沟通时间、交流内容、参加人员、发布信息限制等，发挥家校群在协同育人中的积极作用，而不让家校群变成闲聊群、攀比群，也防止家长在群里传播违法信息和不科学信息等。

网络沟通方便快捷，但并不应成为家校沟通的唯一途径。它的一些特点也需要引起班主任注意，比如用文字"说"和面对面交流的天然差别，导致文字式口语极易被对方误解；文字和语音信息一旦发出就很难删除；网络沟通信息很容易被截屏传播等。因此，班主任在与家长开展网络沟通时要特别注意以下两点：一是发送信息前要深思熟虑、字斟句酌，可以先"换位解读"，看是否会因对方心情、所处场合的不同而引发误解，确认无误后再发送；二是尽量不用微信谈论情绪、心情类的问题，即便修过心理学课程的老师，也不要通过微信做"心理辅导"。

（二）家访

虽然微信、QQ 等现代通讯方式让家校沟通更便捷、更及时，但毋庸

---

① 郭江华.给班级家长微信群立规矩 [J].班主任，2016（8）：38–39.

置疑，面对面交流，尤其是家访，仍是老师了解学生、家庭最直观且最有效的方式。与其他沟通方式相比，家庭环境的私密性可以使班主任与学生及其家长敞开心扉，进行深入交流，更具有针对性，更轻松、更深入。与此同时，家访时，班主任能对学生的生活和成长环境进行感性考察，可以深入掌握每一个学生的家庭及教育情况。所以，在当今信息化时代，家访仍有其不可替代的重要作用，仍是班主任开展家校沟通的重要方式。

要想把家访做好、做实、真正落地，需要教师认真准备，用心、用情沟通，并采用科学合理的方法。

家访前，班主任要认真备课，甚至可召集相关老师、班干部等集体备课，对拟家访学生的现状、问题和成长需求进行全面分析，明确家访重点，提出改进和解决方案。有条件的老师可为每一个学生定制家访档案，进行分析和表格文档的记录，做到"量身定制"，准备充分。

家访时，不能只谈问题，更不能单纯告状，要带着一片真情，把对学生发自内心的爱传递给学生和家长，让他们感受到老师的关心和温暖；要学会换位思考，理解家长的心理感受，努力拉近和家长的心理距离；要注意方式方法，尊重家长，善待家长，不可居高临下、训斥埋怨；要发现并赏识学生的闪光点，肯定学生的成长和进步；在谈到学生问题时，要实事求是，不要一味地大肆指责，要对症下药，提出针对性对策建议，努力和家长一起想办法解决问题，帮助家长更好地指导学生成长。

家访后，要注意观察学生变化，定期与家长开展后续交流，了解家访效果，确保家访工作扎实有效。如在沟通中发现新问题或原有问题没有得到很好解决，可进一步思考，改变教育方式，更好帮助学生成长。同时，要认真做好记录，一是留档备查，二是为后续的教育积累经验和素材，三是分析家访的收获与不足，有利于今后更好地做好家访和家校沟通工作。

针对不同学生的情况，可采取不同的家访方式，比如单独家访、与任课教师一起家访、带着学生家访、组团家访等，也可以选择不同的家访地点，如学生家里、所在社区场所、家长工作场所等。

家访时需要与家长面对面进行交流，这对班主任的沟通能力也是一个巨大的考验。因此，班主任要在家访前全面了解学生的家庭情况，特别是了解学生家庭的民族、宗教信仰、家庭避讳等信息，家访时要注意谈话内容和措辞，以免影响沟通效果。

（三）家长校访

校访，即家长来到学校与班主任进行面对面沟通或参与学校、班级组织的一系列活动，真实全面地了解学校环境、办学理念、班主任和任课教师情况、孩子在校表现等。常见的家长校访包括家长会、家长开放日、个别家长到学校沟通问题等。

1. 家长会

家长会是学校教育中常用的家校沟通方式，是班主任与家长群体进行沟通交流，解决学生中共性的、普遍性的教育问题的会议，一般每学期至少会召开1—2次。

家长会是家校双方沟通信息、增进了解互信的平台。在家长会上，家长可听到班主任或学校领导的报告，了解学校办学理念、教育方针和工作要求，了解校规、班规及学生行为规范标准，了解学校、班级取得的成绩、学生学习情况和整体表现等；学校也可听到家长的建议和要求，为改进教育教学工作、提高教育教学质量创造条件。家校双方可交流学生在校和在家表现等信息，协调教育理念和教育方式，增进教育共识，形成教育合力，更好地促进学生身心健康发展。

要想开好家长会，班主任首先要根据学校的教育教学计划和班级管理需要，提前制订计划，在学期初就对何时开家长会、开几次家长会、每次家长会的主要内容及基本形式、重点解决哪些问题等做通盘考虑。其次，要认真备课，对召开家长会的目的、主要任务、基本内容、会议议程、会议形式、主要发言人、发言内容、教室布置等都要做好充分准备，如果需要家长介绍经验，还要提前通知家长做准备。

家长会上，班主任要向家长全面汇报学生的表现，不仅包括学习成绩，还应有学生在学校、班级各项活动与日常学习生活中的表现和收获，班集体的进步和取得的成绩等，让每个家长都能感受到孩子的成长进步。同时，也要汇报班级和学生存在的主要问题以及拟采取的解决措施，并提醒家长关注孩子身心健康，重视对孩子的家庭教育。

班主任可根据不同教育对象、教育要求等分层召开家长会，可根据家长的不同类型、教育需求等分类召开家长会，还可根据不同的教育问题召开专题家长会等，这样可以让家长会开得更有针对性、实效性。

比如，为了让爸爸们都参与孩子教育，龚老师决定期末召开"爸爸去哪儿？（第一季）"家长会。具体做法如下：（1）爸爸的幸福：通过展示孩子与爸爸玩耍的照片，让爸爸们感受做父亲的幸福。（2）孩子眼中的爸爸：先让爸爸说说自己在孩子的眼中会是什么样的，然后用幻灯片展示孩子对爸爸的评价。（3）妈妈眼中的爸爸：会前向妈妈们发放调查问卷，根据妈妈们的评价，评出了几个"好爸爸"，并总结了妈妈们对爸爸们的意见：没耐心、爱发火、太凶等。（4）研究结论中的爸爸：用一系列调查研究结果来说明爸爸在家庭教育中的重要性。（5）故事中的爸爸：选取《二十美金的价值》、绘本《等一会儿，聪聪》和《我的爸爸是焦尼》，用具体事例进一步说明爸爸的陪伴是无价的。（6）学会陪伴：听听明星爸爸的感想；看看明星爸爸的陪伴；跟着书本学陪伴。[①]

同时，可以创新家长会形式，改变班主任"一言堂"的局面，让家长在轻松和谐的氛围中接受家庭教育指导，学会解决孩子成长问题的方法。如，三方会谈式家长会（老师、家长与孩子坐在一起，就感兴趣的话题共

---

① 龚秀梅.探究新型家长会，增强家庭责任感[J].班主任，2018（5）：43-44.

同讨论）、颁奖式家长会（根据每个学生的特点提前准备好奖状和颁奖词，让家长和孩子一起上台领奖）、展示式家长会（让每个学生展示自己的特长，或者在班里展示学生的各科作业、劳技手工作品、各项竞赛获奖证书等，让家长重新认识孩子，发掘孩子的潜力）、座谈式家长会（老师、家长、学生共坐一堂，就教育中的共性问题进行探讨）、分层式家长会（根据学生成绩、行为习惯、性格等情况，把家长分成不同的组分别开）等。

此外，班主任在家长会上还应做好记录，包括家长会基本情况、家长反映的情况和意见；会后要多渠道了解家长感受，收集反馈意见，观察学生变化，做好反思总结，以便进一步有针对性地开展工作，不断改进与家长的沟通交流。

当然，家长会也不应局限于学校安排，遇到特殊情况，班主任可根据教育工作需要及时召开家长会，参加的对象也可根据需要确定。因线上教学、家校交流的需要，腾讯会议、钉钉会议等软件也成为班主任与家长沟通交流的重要手段，很多班级用线上会议的方式召开家长会。线上家长会不受学校统一安排制约，可以随时随地根据需要召开，有节约时间、方便自由、互动性好、针对性强、便于保存资料等优点，现在已成为很多班主任召开家长会的重要方式之一，深受老师和家长欢迎。

2. 家长开放日

有的学校设立了家长开放日或家长访校日，即每学期选择一天向所有家长开放，家长可以进课堂听课，参加课外活动，与班主任和任课教师交流，充分了解学生在学校一天的学习生活情况，全面感受学校教育。这些活动可以增进家校了解，对争取家长对班级工作的支持，形成家校教育合力也很有帮助。家长开放日既可以是学校年级组统一安排时间，也可根据各班计划制订，但要上报学校做统一安排。有的班主任会组织一些小型的家长开放日活动，如每周利用固定时间邀请1—2位家长轮流进班听课，了解孩子在校生活，这样的活动组织起来非常方便，效果也非常不错。

3. 个别家长到校沟通

个别家长到校沟通包括班主任主动约请家长和家长主动来访两种情况。班主任主动约请家长，一般是遇到学生的特殊问题，通过网络、电话等沟通方式已不能解决，或需要班主任与任课教师共同与家长谈话或讨论的情况；家长主动访校则往往是家长遇到教育难题或比较重视孩子的教育，希望寻求教师的特殊帮助。无论哪一种情况，班主任都要理智、热情、妥善接待，给予家长应有的帮助和指导。

班主任在请家长时一定要特别注意，家长和教师是平等的，不能用行政命令的语气来请家长。家长来到学校，教师首先要把学生面临的问题实事求是地告诉家长；要给家长说话的机会，认真听取家长的意见；要考虑家长的心理感受，采用家长能接受的方式进行沟通；最后要在协商交流的基础上，提出解决问题的方案。对于家长提出的问题和要求，班主任要深思熟虑后再予以回复。尤其是同学之间发生矛盾冲突时，班主任的处理更要慎重，必要时可以向学校领导、相关处室或家长信任的任课教师求助，一起与家长坐在一起心平气和地进行沟通，力争用大家都能接受的方式解决问题，不留隐患。

请家长时要充分考虑学生问题的性质和严重程度，除非特别严重或必须现场解决或涉及多位学生需要集体协商解决的问题，不要轻易请家长；要提前了解学生的家庭情况和家长的性格特点，对于有些性情暴躁或有严重疾病的家长，不宜轻易把他们请到学校；还要充分考虑家长的时间安排，选择双方都合适的时间，除非遇到学生受到意外伤害等，不宜要求家长必须马上赶到学校。

（四）书面联系

书信不受时空限制，清晰，方便反复阅读，易于保存，是深受很多老师和家长欢迎的家校沟通方式，在家校沟通中发挥着独特的作用。班主任可通过周记、记事本、家校沟通本、家长日志等与家长进行日常沟通交流。

班主任可选择在开学、放假、考试前后、重要节假日等关键时间节点给家长写一封公开信，帮助家长答疑解惑，找到教育孩子的方法。要把书信内容重点放在家长感到比较困惑的问题上：如新学期孩子应该做好哪些准备，怎样帮助孩子掌握良好的学习方法，怎样与青春期孩子沟通更有效等。

比如，李老师接手一年级新班后，为了与家长尽快形成家校合力，启动了"一周一封信，一周一美文"活动。开学第二周的周五，她给家长们写了第一封信《孩子是家长的一面镜子》。

这封信一经发出，就得到家长们一致好评，起到很好的指导作用。这让李老师倍感欣慰，教育信心也大大增强！于是，她乘胜追击，又用心写了第二封信《好习惯，益终生》，为家长培养孩子的良好习惯支招献计。家长深受启发，教育热情更加高涨，并自发地在班级QQ群里发表读后感。自此之后，李老师不但坚持每周给家长写一封长信，平时也会细心发现班级存在的问题，及时与家长沟通，争取及时帮助家长纠正教育误区，改正教育观念，积极响应班级教育举措，感受孩子成长带来的喜悦！一学期下来，她给家长写了21封信，推荐了19篇教育美文。这些文字反馈了学生的点滴进步或存在问题，"手把手"地教家长如何教育孩子，语重心长地帮助家长提高认识。[①]

在教师与家长发生摩擦、冲突或遇到重要问题或事情时，也可通过给家长写信的方式进行书面沟通，有时也能起到化解矛盾、增进理解的效果。

很多班主任还创新家校书面沟通的方式，如通过报喜信、祝福卡、提示卡、意见卡等方式与家长沟通，让书面联系在家校沟通中发挥重要作

---

① 李春辉.信—信任—信心 [J].班主任，2021（2）：48-49.

用，焕发新的活力。

三、发挥家校育人合力，共同助力学生成长

建立家校之间畅通的沟通渠道后，班主任要努力与家长建立信任关系，指导家长开展好家庭教育，鼓励家长积极参与学校和班级的各项活动，和家长一起助力学生成长。

（一）了解家长，建立信任关系

了解是沟通交流的基础，班主任接班之初必须迅速了解学生和家长。班主任可认真查看学生入学登记表，向前任班主任了解相关信息，与学生、家长等进行座谈交流，了解学生的基本信息、家庭情况、性格特点、爱好特长、学习习惯、对学校和班级的期待等。必要时，还可对学生和家长开展问卷调查，更准确地了解学生相关信息，为家校沟通和对学生的教育打下坚实基础。

比如，在班级正式建立之前，为了解家长的家庭教育能力、家庭教育现状以及学生的现实基础，高老师专门设计了家长问卷和学生问卷。在给家长的问卷中，设计了"家长文化程度、对孩子的期待、最欣赏孩子的品质、对班级的期待、和孩子之间的关系"等问题；在给学生的问卷中，设计了"你的爱好特长、希望自己在哪些方面有所成长、短期目标、最欣赏家长的品质、用一个词来形容家庭关系"等问题。问卷调查让班主任了解自己在班级建设中即将面临的情形，为即将开始的班级工作进行评估和预判。问卷所呈现的内容，是班主任进行班级管理、制定班级规划、确定教育行为的重要依据。问卷还让家长们看到班主任在工作中的科学方法和专业素养，自然而然地萌生出对班主任的信赖和敬仰，进一步拉近家长和老师之间的距离，让家长从内心愿意配合并支持班主任工作，为家校协作打

下良好基础。①

当今时代，家长的受教育水平越来越高，每个家长对孩子的教育都有自己独立的思考。家校协同，绝不仅仅是家长单方面配合学校工作。接班后，班主任要尽快把自己的教育理念传递给家长，也要尽快通过多种形式了解家长的教育理念和做法，鼓励他们说出内心的担忧和希望。只有充分了解家长的看法和需求，班主任才能给予他们真正需要的建议，才能取得家校间的互信共赢。

比如，为了赢得家长的信任，袁老师接班后做了三件事：（1）一封信打消家长疑虑。开学前她写了一封信，这封信既是写给学生看的，也是写给家长看的。对于新班主任，挑剔的家长必然是期待与质疑两种情绪并存，真诚恳切的言辞和热情洋溢的态度能让他们感受到老师爱工作、爱孩子的心，初步打消他们的疑虑。（2）一次活动获得家长支持。她开展了"我们的小队最闪亮"活动，让家长也参与其中。从小队起名到口号设计，从小队日常工作到展示，家长们全程参与，对孩子所在的班集体和班主任产生了强烈的认同感。（3）一本光荣册赢得家长信任。在"闪光的足迹"光荣册里，记录着每个孩子的点滴进步和出色表现，还有她写的长达几百字的鼓励评价。记录完哪位学生的闪光点，她就让这位学生把光荣册带回家和家长一起看。看到袁老师对孩子的关心和鼓励，家长们对她自然充满信任。②

（二）做好家庭教育指导，提升家长育儿素养

家庭是教育学生的主阵地之一，家长是学生的第一任教师，但绝大多数家长是基于自身成长经验教育子女，他们在了解儿童身心发展特点、管

---

① 高旻."三个一"，为家校沟通积基树本 [J].班主任，2021（2）：51-52.
② 袁玉玲.接班之初，"三个一"赢得家长信任 [J].班主任，2019（11）：48.

教子女、改善亲子关系、做好父母角色、培养子女健康的生活态度和价值观念等方面都存在或多或少的欠缺。因此，班主任应通过多种形式加强对家庭教育的指导，帮助家长树立正确的教育观念，为孩子的健康成长营造良好的家庭环境，尽量使家庭教育与学校教育相统一。

班主任可从几个方面开展家庭教育指导：第一，帮助家长端正态度，正确认识家庭教育、家校合作的重要性，使家长认识到家校之间的根本利益是一致的，都是为了孩子的健康成长；第二，向家长宣传国家教育政策和学校办学理念，介绍科学的家庭教育知识和方法，引导家长树立正确教育观念，提升家庭教育能力；第三，通过各种形式与家长座谈交流，帮助家长明确自己的教育责任，配合学校做好对孩子的教育工作，形成家校教育合力。

比如，通过前期调查，崔老师了解到家长最想得到的有关家庭教育方面的帮助，据此选定相关话题，供家长探讨交流，然后选取有价值的观点在月报"教育经碎碎念"板块上刊出。如3月主题"孩子老是拖欠作业怎么办"，4月主题"如何培养孩子良好的生活习惯"，5月主题"孩子不喜欢看课外书怎么办"，6月主题"如何让孩子正确地面对犯错与失败"。这个板块让每位家长都能参与进来，冷静思考自己的教育行为，有则改之，无则加勉。[①]

不同家庭的具体情况千差万别，家长对教育子女的目标、理念也各不相同，因此，班主任在指导家长开展家庭教育时，必须具体分析每个孩子和家庭的实际情况，对症下药。要根据学生类型、家长类型、问题类型、情境需求等，选择恰当的沟通指导方式，有针对性地帮助家长解决家庭教育中的困难和问题。

要想真正把家庭教育工作做得更加深入细致，可以根据学生成长规

---

① 崔伊静.我们班的"家庭文化月报"[J].班主任，2020（2）：44–47.

律，对家庭教育指导课程进行系列化、系统性设计，如开展亲子共读课程、劳动教育课程、文体指导课程、生涯体验课程等，开阔家长和学生视野，提升家长的家庭教育能力。

比如，可针对孩子成长关键期的心理行为问题及亲子沟通中的问题，以成长导向式家长微课程，面向家长的教育困惑，根据家长教育孩子的需要，帮助家长理清孩子成长中的困扰。再配合符合学生心理发展规律的主题班会课程，梯度化循序渐进地开展，每个学期一个主题词，课程主题和形式各有侧重，共同构建家校共育课程体系。①

	上学期主题及形式	下学期主题及形式
七年级	主题：适应 课程1：爱需要放手（视频解说） 课程2：静待花开不等于放任自流（案例研讨）	主题：习惯 课程1：预期性习惯培养：学习习惯——阅读（邀请名家讲座） 课程2：发展性习惯养成：生活习惯——运动（跟踪调查反馈）
八年级	主题：责任 课程1：看着你的背影成长——做孩子的好榜样（亲子共读） 课程2：要求孩子做到的，你先做到（榜样示范）	主题：沟通 课程1：如何听，孩子才会说（角色互换） 课程2：好话"友"好说——心理闭锁期亲子沟通秘籍（亲子体验）
九年级	主题：赏识 课程1：巧用"期待效应"：好孩子，夸出来（四位家长授课） 课程2：善用"多元智能"：天生我材必有用（家长分层座谈会）	主题：激励 课程1：你是上天给我的礼物（颁奖典礼） 课程2：你的努力，我看见；你的焦虑，我都懂（学生报告）

当然，家庭教育既有普遍性的规律性，又有很强的个案性。在面对学生成长的具体问题时，班主任必须从实际问题出发，对家长进行有针对性的指导，才能收到预期的效果。

---

① 张玉石.家校共育微课程，让家长成为孩子的"影子老师"[J].班主任，2018（4）：8–12，3.

比如，陈老师借助网络平台，给每个孩子组建了"私人诊疗团队"，由家长和老师组成，针对孩子成长过程中的各类状况，进行个案跟进。日常工作中，他的家庭教育个案指导过程是：发现孩子的问题——反馈给家长，与其研究家庭教育方面的原因——分析讨论，帮其支招——结果反馈，阶段性指导。初步制定对策后的阶段性指导和调整，是一个比较长时间的过程，需要在实施过程中不断地"指导——反馈——再指导——再反馈"，要求家长和老师频繁面谈是不现实的，互联网平台很好地解决了这个问题。沟通的时效性和便捷性，使家校双方能根据孩子的情况得以实时反馈、调整跟进，大大加强了教育的有效性。[①]

家庭教育指导可通过多种途径来开展，可利用学校"家长学校"平台，也可在班级开设"家长讲堂"，或通过家长会、微信公众号等途径来开展。班主任可创新家庭教育指导方式，利用专家引领、家长讲坛、沙龙研讨、自主学习、交流互助等形式进行家庭教育指导。

比如，基于培育良好亲子关系的全面性思考，我们探索实践了以下常态化、长期性的教育措施。1. 建立分级诊疗机制。家庭公约能解决大部分家庭的亲子关系问题，但不适用于少部分问题严重的家庭。对于这类家庭，专门建立诊疗档案，邀请学校心理老师介入，教育家长，开导学生，进行个性化追踪诊疗和辅导。2. 成立父母成长工作坊。通过建立工作坊微信群，搭建平台，让家长们不定期地交流亲子问题，相互取长补短。在学校不定期召开"父母情绪管理""青春期与更年期的生死存亡"等主题沙龙，提升家长的亲子教育水平；开展读书活动，推荐家长阅读提高自身修养、培育良好亲子关系的优秀著作。3. 成立线上学生吐槽聊天室。让学生畅所欲言，随时吐槽亲子关系的新问题、新情况，老师动态介入，及时给予辅导教育和建议。4. 开展亲子共享体验活动。让父母孩子一起参加做家

---

① 陈旭彬. 增效减负，实现班级家长群的云共育 [J]. 班主任，2020（8）：43–45.

务、户外野炊等各种主题体验活动，使学生和家长在体验中反思、学习、成长。①

　　在进行家庭教育指导时，切忌居高临下地说教，要进行换位思考，理解家长的想法和需求；要引导家长认识到自己在教育子女中存在的不足；要注意推广家长的先进经验；要尽量使父母双方的教育思想达到一致。

（三）调动家长积极性，让家长参与班级教育

　　很多家长都有自己的兴趣特长，对自己的工作或专业领域都有自己独特的理解，这些都可以成为教育学生的重要资源。班主任可以积极发动家长的力量，让他们走进学校、走进课堂，为学生上课，拓宽学生的知识面，提升学生的学习兴趣。

　　比如，为更好地促进家校协同育人，王老师引进家长资源和社会志愿者力量，开设丰富多彩的家长课程。以一年级下学期家长课程②为例：

周次	课程	目标
第一周	创意朗诵	调动学生感官，培养汉语语感
第二周	塑料编织	培养动手能力和节俭意识，学会废物利用
第三周	神奇的磁铁	了解科学知识，激发学习兴趣
第四周	律动舞蹈	培养音乐美感，学习感知美、表达美
第五周	话端午	了解端午节历史，培养文化自信
第六周	食品安全	重视食品安全并掌握安全识别方法
第七周	中国版图	识记中国版图，培养热爱祖国情感
第八周	航模展示	了解我国航模历史，激发热爱科学情感
第九周	中外饮食文化	了解中外饮食文化，增加民族自豪感

① 邓李君，文海燕.三招化解亲子关系危机 [J].班主任，2021（2）：42-44.
② 王会如.开发"尚美"班本课程　奠基学生美好人生 [J].班主任，2020（10）：8-12，3.

续表

周次	课程	目标
第十周	面塑制作	了解我国非遗文化，学习制作非遗面食
第十一周	感恩教育	懂得感恩他人，努力为他人服务
第十二周	学会点眼药水	习得生活技能，懂得珍爱生命
第十三周	动画历史	了解中外动画发展历史，培养兴趣
第十四周	飞机发展史	了解中国航天发展史，激发为国争光情感
第十五周	认知互联网	正确认识互联网优劣，矫正不良行为
第十六周	奥运吉祥物	认识中外奥运吉祥物，了解中外文化特点
第十七周	日本小学生	初步了解日本小学生一日生活，放眼世界
第十八周	有趣的游戏	在游戏中培养学生团结合作能力

班主任还可以发动家长担任志愿者、义工等，和班主任一起策划、实施班级活动，为班级发展和学生成长服务。可以邀请家长参与制定、完善班级活动方案，可以请家长为班级实践活动联系场地、提供资源，可以请家长担任班会和班级活动嘉宾，可以请家长为班级活动拍照、提供保障服务等，还可以请家长在表彰活动中为学生颁奖，增进亲子感情等。

比如，郭老师常常请家长为孩子颁奖，这对孩子是一种别样的鼓励。她还定期在班级评选"优秀家长"，召开隆重的颁奖大会，让孩子给爸爸妈妈颁奖，这对家长也是一种非常好的激励方式。亲子互相颁奖能够触动双方的心灵，增进相互间的情感交融，营造出一种和谐、温暖的氛围。家长为孩子颁奖一般是在每周的家长讲座之后，班级对该周评选出的各方面进步明显、表现优异的孩子进行单项或者综合表彰。孩子为当选"优秀家长"的爸爸妈妈撰写颁奖词，准备奖品。颁奖会上，听着自家孩子诵读的颁奖词，看着自家孩子送上的小礼品，手捧奖状的父母常常被感动得热泪盈眶……①

---

① 郭文红.让家长成为班级教育者 [J].班主任，2017（7）：41–44.

　　因特殊情况班主任不能对学生面对面进行指导时，很多班主任创造性地调动家长的积极性，让家长参与对孩子的监督管理、习惯培养、学习指导、劳动教育，请家长带孩子一起参加志愿服务、体育锻炼、实践活动等，家校之间密切配合，让家长成为教育学生的主力军，更好地指导学生的居家学习生活，取得了不错的教育效果。

　　比如，李老师针对班级学生居家劳动情况进行了问卷调查，发现他们普遍缺少劳动实践机会，劳动技能也比较薄弱。于是，她组织班级家委会召开视频会议，商议班级劳动计划，最终共同制定了居家劳动"1+X"计划。"1"即每日一个岗位，每个学生每天承担一项家务劳动；"X"即班级活动，每周班级组织一次劳动技能展示活动。家务劳动由学生自主完成，家长负责指导、监督、检查、评价，并通过微信平台记录和反馈。[①]

　　值得注意的是，现在的家长大多是"80后""90后"，他们是在互联网时代成长起来的，拥有更强的信息获取能力。同时，伴随高等教育的普及，当代家长的受教育水平普遍较高，很多家长的学历水平超过老师。这导致很多家长对教师教育的专业性和权威性产生怀疑，甚至干涉教师的教育教学工作。面对这样的新情况，为了更好地做好家校协同育人的工作，班主任应不断加强对于教育学、心理学、社会学、文化学、管理学等相关学科的理论学习，善于接受更多的新信息、新变化，提高自己的专业意识和专业能力，给予家长在教育观念、教育行为方面的专业指导，发挥好家长在育人中的重要作用，更好地助力学生健康成长。

---

① 李欣玲.居家学习，劳动教育不能少 [J].班主任，2020（10）：13–14.

第四节 与社区的沟通与协同
——形成家校社育人共同体

当前，世界已进入全媒体时代，它打破了学校与家庭、社会的时空边界，使学校教育与社会生活的联系变得更加紧密，也更容易受到社会诸多因素的制约与影响。新时代班主任必须对这种新变化有所觉察，要有意识地将目光延伸到学生生活的社区（社会），加强与社区（社会）的沟通与协调，推动形成学校家庭社会育人共同体，携手帮助学生成长。

一、开发社区教育资源，助力学生全面发展

社区是学生生活的主要场所，也是家庭和学校之外对学生成长影响最大的教育参与者。班主任要积极寻求学校、家长帮助，努力与社区建立良好的合作关系，开发和利用社区教育资源，创造性地利用社区教育资源开展教育教学活动，组织学生走进社区，服务社区，积极开展参与式、体验式、探究式学习。

（一）与社区建立联系机制，积极参与社区活动

班主任要主动与社区建立联系，不仅了解社区的环境、场地、人员等教育资源状况，还要知悉社区的服务需求，包括社区大型活动、社区宣传教育、社区绿化工作、社区垃圾分类、社区卫生清扫、社区公共设施设备维护等需求，引导学生承接"花卉种植园""文化讲解员""调查研究

员""公共设施维护员"等工作，培养劳动意识和实践能力。社区聘请专业人士开设的音乐、舞蹈、手工、书法、体育等公益课程，班主任也可组织或鼓励班级学生积极参与，还可以邀请学生家长一同参与。

班主任要充分挖掘社区的实践育人资源，请社区为学生提供志愿服务的机会，让学生走进社区参与工作，了解社区工作人员的辛苦，体验解决社会生活中的具体问题，感悟所学知识在生活中的实际用途，在亲身实践中锻炼分析思考能力、沟通协调能力和问题解决能力等，树立服务他人的意识。

比如，徐老师组织班上十多名学生走进温馨社区居委会，体验当"小巷总理"，尝试处理居民日常琐碎问题。半天的体验时间，学生们看到居委会干部忙进忙出，从组织党员报告到慰问孤寡老人，从垃圾分类到小区文明宣传，虽然头顶烈日、汗流浃背，却没有一点怨言，脸上还洋溢着幸福的笑容，学生们深有感触。疫情期间，看到社区工作人员需要经常给社区老人与被隔离人员上门送菜、送快递等，有学生就想帮他们做一些力所能及的事情。温馨社区的黄同学和杨同学申请担任志愿者，负责给自己楼里的隔离人员送物资、蔬菜等。知易行难，只有让学生走进社区、走进社会，在生活中去行动、去体验、去感悟，学生的认识才得以升华，优秀品质才得以形成，并成为他们终身受益的财富。[①]

（二）利用社区教育资源，设计开展教育活动

班主任挖掘利用社区资源开展班级活动，主要有"社区资源进班级"与"班级活动进社区"两种方式。一是社区资源进班级。班主任把视野投向与学生日常生活关系密切的社区，将社区丰富的教育资源引进班级，比如请民警讲安全知识、请医生讲健康保健知识、请专业人士讲人工智能、

---

① 徐晓莉.巧用社区资源做好学生教育[J].班主任，2021（6）：26-27.

请民间手工艺人传授技能等，为班级活动助力。二是班级活动进社区。班主任可利用社区的图书室、活动角、文化设施等场地资源，把一些班级活动搬到社区里举办，请社区榜样人物参加，把社区变为学生教育的大课堂。

比如，班主任叶老师组织学生在社区开展端午义卖募捐活动，将所得资金用于给安徽省阜阳市阜南县洪河桥镇盛郢小学的孩子们准备儿童节礼物。在活动开展前，学校帮助印发了500份活动宣传单，社区工作人员帮助制作了大型横幅，城管帮忙悬挂横幅，并对当天义卖活动场所的秩序进行了管理。在活动过程中，社区居民和商户为学生活动给予了很大支持。社区居民耐心聆听社团成员的活动介绍，对本次义卖活动的意义表示认同，很多居民慷慨解囊，还有的居民鼓励自家孩子多向同学们学习，多行善举，社区店家也纷纷购买或者直接参与募捐。社区里的一家快递公司，还免费帮助同学们运送儿童节物资给盛郢小学。[①]

二、开发社会教育资源，构建和谐教育生态

在社会发展日新月异的新时代，单靠学校教育、家庭教育已不能满足学生的成长需求。让学生走向社会，了解社会生活，参与志愿服务，从社会大课堂不断汲取各种营养，才能为学生的学习和发展提供生动丰富的内容，培养出能适应社会发展、具有创新精神和实践能力的时代新人。因此，新时代班主任必须自觉地、有意识地将学生校内生活、班级生活与社会生活连成一体，努力挖掘各种社会教育资源，动员社会力量，形成教育合力，共同培养学生社会交往能力、社会实践活动能力，促进学生适应社

---

① 叶凌.班级活动中社区资源挖掘、整合、再运用的实践研究 [J].下一代，2020（3）：40-41，45.

会生活，享受社会生活，创造社会生活。

（一）开发社会教育资源，让学生锻炼成长

班主任可带领学生走进博物馆、科技馆，探访历史古迹、自然保护区、森林公园，走进各种单位、场所，了解各行各业发展和家乡变化，联系青少年宫、青少年活动中心等校外教育机构，为学生搭建成长舞台。班主任要熟悉和把握有关机构与教育基地，指导学生积极参加活动，开展各种科技实践和社会调查活动，活跃思维，锻炼能力，发展兴趣、爱好和特长。

比如，为了能让学生走出校门，走向社会，赵老师和学生一起商定以"清明节扫墓活动"为主题开展班级活动。经过申请，他们获得了代表学校赴台儿庄大战纪念馆参观祭奠英烈的资格。赵老师让学生策划这次活动，包括前期资料准备、路线、交通、餐饮等。学生人人参与，共同商量计划并将计划书张贴在教室随时补充。学生们设计了系列活动：先观看影片《台儿庄大战》，写观后感；然后搜索查阅台儿庄的信息，如风土人情、物产地貌、历史变迁等；随后，开展演讲比赛，竞争演讲机会；最后，到台儿庄大战纪念馆参观祭奠。通过系列活动，不仅提高了学生利用网络、图书馆等方式快速收集信息的能力，更增强了学生自学、写作、演讲、策划、交际、管理和合作的能力，在增强班级凝聚力方面发挥了重要作用。①

乡土文化是非常好的教育资源，挖掘乡土文化资源对学生开展教育，可从小培养学生热爱家乡、热爱祖国的情感。

比如，为了有效开发乡土资源，廖老师邀请家长一起带领孩子们开启寻根之旅。一是姓氏源流微课堂。专门创设了"姓氏源流微课堂"，每周举行一次，主要内容是介绍姓氏来源、宗族起源以及相关的历史、人物故事等。亲子共同搜集、整理课件资料，由学生在课堂上展示。二是家乡美食

---

① 赵锋.让学生在活动中快乐成长 [J].班主任，2012（4）：8-10，3.

我传承。基于对乡土文化的追寻，班委与家委共同决定开展自制家乡美食教育活动。活动分小组进行，利用周日上午，各小组成员自行组织在某一个组员家中制作，再集中到小李家所在的农家大院进行一场美食的约会。师生和家长一边品尝美食，一边谈与美食相关的故事，学生参与其中，得到了易内化的情感引领。三是家乡童谣我传唱。阳江童谣源远流长，方言演唱音律优美，内容描述的是诙谐的生活场景、单纯友好的人际关系，表达朴素无华的情感，对儿童具有深远的教育意义。班级举行了一次"家乡童谣我传唱"活动，由家长与学生共同寻找、收集阳江童谣，用一节课来进行展示分享。这次集体活动课，让学生体验了过去的乡间生活状态，感受到浓浓的乡土文化生活气息。①

班主任还要鼓励学生利用假期时间去感受祖国的大好河山，开展社会实践。

比如，贺老师和陈老师对学生的假期生活模式进行了大胆探索，没有布置常规的假期作业，而是让学生开展假期生活实践。去上海的孩子，既看到了外滩的繁华，也从一幢幢刻满岁月痕迹的小洋房中感受到昔日沧桑。去西湖的孩子说："在飞来峰上看日出，我真正体会到了'不畏浮云遮望眼，只缘身在最高层'的壮观景象，仅靠看课本是无法有这么真实的感触的。"去湖南的孩子参观了毛主席故居，而湖南大学梅花园中"凌寒独自开"的梅花也让她倍觉喜爱。很多孩子回到自己的家乡，去发掘老家的年味和风俗。假期实践活动让学生们走出家门，感受到了浓浓的时代气息。②

利用社会教育资源组织学生开展活动时，班主任事先要与学生共同做好充分准备，制定详细的活动计划，让学生在活动中得到锻炼，收获成长。

---

① 廖小凤. 我们一起追根溯源：乡土文化涵养下的班级文化建设 [J]. 班主任，2020 (7)：25–27.

② 贺非比，陈海敏. 今年假期，我们来点不一样的：对学生假期生活模式的改革与探索 [J]. 班主任，2017 (7)：44–45.

当出现不可预知的困难和问题时，也要尽力让学生自主想办法解决，从而更好地培养和锻炼学生的综合能力。

（二）组织社会实践活动，为学生搭建锻炼成长舞台

社会实践是让学生了解社会、锻炼各方面能力的方式，对于学生价值成长、综合能力提升有积极作用。班主任应多组织学生开展社会实践活动，并鼓励学生自主参与社会实践活动。

比如，利用暑期时间，张老师组织学生开展"卖报一周"实践体验活动。每天早晨6：30，家长陪同孩子到报社发行站。孩子们先跟报社叔叔学习组报，接着由老师统一将报纸领出，分发到每个孩子手中，然后家长带着孩子寻找适当的卖报点。孩子们尝试着和陌生人推销自己手中的报纸。他们体验着挣钱的艰辛，增长着与陌生人交往的勇气和胆量。这些孩子慢慢都成了"卖报小行家"，自信快乐洋溢在他们的脸上，艰苦磨炼让他们更勇敢、更坚强。[1]

志愿服务是非常有意义的社会实践方式。参加志愿服务，一方面可锻炼学生的综合能力，特别是社会实践能力；另一方面也可让学生理解"奉献、友爱、互助、进步"的志愿精神，增强社会责任感。因此，班主任应利用各种机会，和家长一起组织学生参加志愿服务。

比如，陆老师充分利用社会资源，营造"奉献、友爱、互助、进步"的氛围，帮助学生树立"我是社会一分子，社会劳动志愿做"的意识。一是体验职业之美，通过"我是小小讲解员"，让学生走进天文台、地震台、气象馆、区博物馆、区图书馆等场所，感受真实的职业劳动。充分挖掘社会资源，指导学生参与各种职业体验，体验劳动带来的荣誉感，形成初步的生涯规划意识。二是劳动精神我宣扬，通过"我是小小摄影师"，组织学

---

[1]　张新秋．暑期家校合作三部曲 [J]．班主任，2011（6）：35–36．

生参加公益宣传活动，学生走上街头寻访最美劳动者，用镜头记录劳动者之美，用眼睛、心灵感受各行各业劳动者的精神魅力，让学生在活动中领会"幸福是奋斗出来的"内涵，弘扬中华民族吃苦耐劳、敬业奉献的劳动精神。①

此外，研学旅行是学校教育与社会教育相结合的重要教育方式。2016年，教育部等 11 部门联合印发《关于推进中小学生研学旅行的意见》指出："中小学生研学旅行是由教育部门和学校有计划地组织安排，通过集体旅行、集中食宿方式开展的研究性学习和旅行体验相结合的校外教育活动。"研学旅行是学校教育和校外教育衔接的创新形式，是教育教学的重要内容，是综合实践育人的有效途径。班主任要在学校统一安排下，从学生成长需求出发，为他们安排更有价值的研学活动，并在研学过程中做好教育、培养等工作，让学生研有所得，学有所获。

（三）关注网络新媒体，发挥教育学生正能量

当前，各种新媒体已成为我们生活中不可分割的重要组成部分。新媒体带来了丰富的信息，每天都充斥在我们的生活之中，使我们有意识或无意识地受到影响。这些信息的多样性、多元化和获取的便捷性，让学生见多识广、知识丰富，同时良莠不齐的信息也给身体、心理尚未成熟的中小学生带来了思想的混乱，甚至造成了很多不良影响。因此，班主任要引导学生学会明辨是非，正确分辨、利用各种社会信息，产生正向价值引导；还可整合各种网络资源，定期与学生分享交流各种热点，给学生推荐一些健康向上的网络资源，让学生从中受益。

比如，为拓宽学生和家长的视野，让每个家庭关注社会热点和新鲜

---

① 陆佳也.基于"三维联动"的劳动教育班本课程开发与实践：以"我骄傲，我是小主人"系列活动为例 [J].班主任，2021（3）：8—11，3.

资讯，鲁老师每日将官方媒体、优秀自媒体发布的信息推送至班级群，指导每个家庭开展阅读讨论，让学生和家长宅在家里也能"眼观六路，耳听八方"。（1）官方日报典型微文。《人民日报》《浙江日报》《温州日报》是"豆儿家园"的"一日三报"，鲁老师带领学生每日阅读三报的部分官方微文。阅读文章时，学生们也在逐渐关注并学习如何审辨信息。学生总结道："信息渠道要可靠，遇到信息多查证，虚假信息要辟谣，正能量信息多传播。"在关注国家对口支援的相关报道时，看到党中央决策部署、各部队火速支援、各地医生驰援武汉，老师和学生、家长内心都流淌着一股暖流，立志用行动来为抗疫做出自己的贡献。（2）自媒体优质主题化内容。当今时代，网络自媒体中各种素材层出不穷，但其内容也良莠不齐。鲁老师及时搜集整理新鲜、优秀的自媒体素材并与学生分享，丰富的资源让学生大开眼界，受益匪浅。[①]

当然，家校社协同育人是系统工程，仅靠学校特别是班主任一己之力是远远不够的，需要社会各界共同努力，建立多方联动机制，搭建社会育人平台，实现社会资源共建共享。但作为班级主要教育者，班主任也要不断创新工作机制，充分调动学校教育、家庭教育和社会教育等各方力量的积极性、主动性，实现学校教育和家庭教育、社区教育的优势互补、资源共享、相互促进、共同提高，为学生提供健康、和谐的教育环境，促进学生成长。

---

① 鲁婧婧."空中"班级文化建设助力学生生命成长 [J]. 班主任，2021（5）：12-14.

第六章

新时代中小学班主任的专业发展

班主任作为中小学日常思想道德教育和学生管理工作的主要实施者、中小学生健康成长的引领者、中小学生的人生导师，作为中小学教师队伍中的骨干力量、学生成长路上引路人的典型代表，其专业发展水平高低不仅直接关系自己的教育水平，而且对学生发展和社会发展产生深远影响。进入新时代，班主任必须与时俱进，适应新时代要求，提升自身专业素养；学校必须构建全员育人格局，为班主任工作提供支持和保障，以落实立德树人根本任务，培养德智体美劳全面发展的社会主义建设者和接班人。

第一节　自我成长：班主任专业发展的内在动力

班主任专业发展是一个长期过程，是班主任在专业思想、专业知识、专业能力等专业素养不断更新、丰富和完善的过程。它强调终身学习、反思改进、研究创新，以及不断通过自主发展提升专业水平的意识和能力。

新时代班主任必须具备专业发展意识，在日常工作中自主学习、反思、研究，不断修炼和完善自身专业素养，努力实现从经验型班主任向研究型班主任的转变。

一、新时代班主任要不断学习

当前，大量新知识、新理论、新观念、新方法不断涌现，做好新时代班主任，要先成为一个终身学习者，不断补充新鲜营养，提高自身教育理论水平和实践能力。

（一）主动进行阅读

阅读是班主任教育思想和理论形成的基础。班主任可以在阅读中学到教育理论和方法，并经过在教育实践过程中的运用，最终构建并形成自己的育人经验体系。

第一，学习政策文件，熟悉国家最新教育政策和法律法规，把握好新时代要求和教育改革发展趋势。面对新变化、新形势、新挑战，班主任要重视对教育政策和法律法规的阅读、学习和理解，进而指导自己的教育工作。

第二，学习专业知识，提高教育理论水平。班主任需要不断更新自己的知识结构和理论体系，这是做好班主任工作的基础和前提。宏观层面，包括教育学知识、心理学知识、管理学知识，与教学相关的学科知识、基础科学文化知识，科学技术与信息技术知识等；微观层面，包括班集体建设方面的知识、学生发展指导方面的知识、家校沟通方面的知识等。

第三，学习典型经验，借鉴具体的教育方法和策略。一些班主任在学习了教育学、心理学、管理学等相关的知识后，却很难把这些知识直接运用到自己的教育教学实践中，这是因为班主任工作是一项实践性很强的工作，班主任在学习理论知识的基础上，还要学习典型经验，从中学习处理问题的思路和方法，如班级建设与管理方法、学生学习指导方法、学生自主管理指导方法、学生心理辅导方法、与任课教师沟通协调方法、家校沟通协调方法、家庭教育指导方法等，借鉴并应用到自己工作中，从而提高教育实践能力。

对于班主任来说，抽出大量时间广泛阅读各种书籍可能比较困难，当时间不够充裕时，有针对性和目的性地阅读能节约时间、提高效率。班主任可以围绕在教育教学过程中遇到的问题、个人研究的课题、教育写作需要、学生教育需要等选择适合的阅读书目。在阅读过程中，还要注重读思结合、读写结合、读用结合，养成专业阅读习惯，这样在今后阅读时才能达到事半功倍的理想效果。

（二）向优秀班主任学习

向优秀班主任学习，可以学习其实践经验。在平时，班主任可以多向一些优秀班主任、模范班主任学习，学习其教育教学方法，提升自己的教育技能。在学校里，班主任之间多相互交流探讨，取长补短，共同进步。尤其对于一些年轻班主任，要主动请教身边教育有方、教育有成效的"老"

班主任，向他们学习典型经验，这是较为快速提升教育技能的途径。但需要注意的是，学习同行实践经验并不是"全盘复制""机械移植"，把他们的方法毫无改变地用到自己的工作中去，而是根据本班学生的实际和班级发展的状况加以选择运用，也可以根据实际情况加以改变，从而发掘适合自己学生和班级的教育方法。

向优秀班主任学习，应当学习优秀班主任实践经验背后的教育理念和教育方法。班主任在学习优秀经验的同时，不能只求"形似"，要深入理解他们的思想和方法，学习其精神和精髓，不仅要知其然，更要知其所以然。[①] 如果条件允许的话，可以与班主任进行交流与讨论，实现从单方面的学习向双方的互动交流转变，在思维碰撞的过程中不断促进自己对知识、经验的内化。总的来说，向优秀班主任学习要从学习操作性技能向学习教育理念和方法转变，深入挖掘他们思想深处的内涵，不能仅仅学一些形式的东西，否则可能会适得其反。

向优秀班主任学习，还应学习他们身上的优秀品质。教师作为一种特殊的职业，从事的是以心育心、以德育德、以人格育人格的伟大事业。班主任是广大中小学教师队伍中的一个重要群体，应该比其他教师更具有道德自觉，注重提高自身师德修养。班主任除了学习实践经验、教育理念、教育方法，更重要的是学习同行身上优秀的道德品质和师德修养，做"有理想信念、有道德情操、有扎实学识、有仁爱之心"的"四有"好老师。

（三）积极参与培训研修

社会飞速发展，知识日新月异，国家、地区、学校每年都会组织各种各样的培训活动，在时间、精力允许的情况下班主任要积极参与培训研

---

① 齐学红，李月．班主任专业化的理论支持系统：班主任的"理论"从何而来?[J].教育科学研究，2017（10）：5–9.

修。针对性、系统性的培训研修可以优化班主任的专业知识结构，使班主任不仅获得教育学、心理学等理论性知识，还能学习到操作性很强的实践性知识，甚至还可以转变班主任的教育观念，使班主任形成先进科学的教育观、班级观、学生观等，帮助班主任在日常工作中做出正确的价值判断和行动选择。

在参加各级培训研修时，班主任要变被动学习为主动学习，在培训中注重思考，联系自身教育实际，真正将培训研修内容入脑、入心，进而入行。培训研修也为班主任提供了一个交流对话的平台。在这里，班主任们可以畅所欲言，分享来自经典案例和实战经验，大家相互学习、借鉴，自觉走上班主任专业发展的道路。

培训研修是一项长期工程，需要持之以恒，不断坚持，班主任一年至少能参加两次高质量水平的培训研修活动。为了提高自身参与培训的实际效果，班主任可以进行甄别和选择，尽量选择质量高、针对性强的培训研修活动。

校本研修是班主任常态化开展研修的重要方式，学校要建立和完善班主任校本研修的机制，为班主任开展研修创造条件。

（四）与学生共成长

在新的时代背景下，班主任和学生应该彼此尊重，互相信赖，互相学习。在日常教育实践过程中，班主任应注重与学生共同学习，共同交流，共同研究，最终实现共同成长。

第一，班主任要转变传统教育观念，以平等、虚心的态度和学生相处，这样才能站在学生立场审视教育教学工作，并不断改进。第二，班主任要主动加强师生间的平等对话与交流，走进学生心灵，与学生建立信任关系，只有多从学生的言行中获取信息，挖掘信息，班主任的教育管理才能更具有针对性和实效性。第三，当班主任发现工作中存在问题时，要敢于向学生做检讨，坦率地承认自己的过失或不足，及时改正。第四，班主任要主动向学生学习自己不了解的新知识。尤其是随着互联网的普及，各种新思想、新观念、新事物不断涌现，学生思维敏捷，接受新事物的能力较强，而班主任，尤其是一些年纪稍大的班主任则常常难以适应时代的变化。在这些新领域中，学生是班主任的老师。当班主任出现困惑时，也不妨问问学生的想法和意见，学生的质疑问难和奇思妙想都是班主任取之不尽的宝贵资源。

二、新时代班主任要善于反思

学习和反思是一个并进的过程。美国心理学家波斯纳（Posner）提出了一个教师成长公式：经验＋反思＝成长。对于班主任来说，反思是一个很好的实现自我成长的方式。反思就是班主任在日常教育实践过程中，反省思考自己的教育理念、教育角色、教育行为、教育方法及教育效果，批判地考察自己的言行，或给予肯定、支持与强化，或给予否定、思索与修正，从而不断提高专业水平和能力。

（一）反思教育理念

班主任要对自己的教育理念和教育观念常常反思，既要考虑培养满足党和国家需要的人才，又要考虑如何更好地实现学生健康成长和全面发展。班级观、学生观和协同观是班主任理念反思的三项重点内容：如何看待班级，什么是"好班"或"优秀班级"，如何进行班集体建设；如何看待学生，什么是优秀学生，将学生培养成什么样的人；如何认识家校社之间的关系，怎么进行沟通协调，如何形成协同育人共同体；等等。只有教育理念和观念正确、深入，班主任才能更好地指导自己的教育行为，真正做到以学生发展为本，实现立德树人。

（二）反思自身角色

新时代的班主任角色由管理者向引导者转变。从师生关系来看，班主任和学生之间是一种双向互动关系，班主任是学生的平等对话者。从学生成长来看，学生是具有独立人格的、发展中的、有着完整生命表现形态的生命个体，教育过程、手段都要围绕学生进行。从班级管理来看，学生是班级管理的主体之一，要充分发挥全班学生在班级教育管理中的主体作用。班主任要以学生发展为本，充分发挥学生学习和管理的主动作用，让学生成为自我教育和自我管理的主人。

新时代的班主任角色由单一型向多元型转变。立德树人是教育的根本任务，班主任是"教育"职责的首要承担者，是班集体建设、学生全面发展和健康成长、家校社协同育人的指导者、引领者和组织者。班主任不只是学科教师的简单延伸，班主任工作是具有较高素质和人格要求的重要专业性工作。班主任必须摒弃"班主任工作没有技术含量"的传统观念，认识到班主任角色的专业性和重要地位。同时，树立终身学习思想，从理论和实践两方面不断提升自己，完善自己的知识结构和能力结构。

（三）反思自身言行

班主任的言行潜移默化地对学生起着示范引领作用。在教育教学过程中，班主任要切实注意自己的一言一行，为学生树立真实的学习榜样，以自己的言行来影响和塑造学生的人格形象。同时，班主任要注重用高标准塑造自身的人格魅力，这种人格魅力具有强大的感染力，对学生的学习和成长发挥着重要的作用。"坚定政治方向、自觉爱国守法、传播优秀文化、潜心教书育人、关心爱护学生、加强安全防范、坚持言行雅正、秉持公平诚信、坚守廉洁自律、规范从教行为"十项准则是教育部对广大中小学教师落实立德树人根本任务提出的新的更高要求。班主任作为广大中小学教师队伍中的一个优秀群体，更应该严于律己，示范引领，对照这十项准则反思提升，完善自身言行，提高师德修养。

（四）反思教育方法

除了坚定正确的教育理念外，班主任还要经常对自己的教育方法进行反思，努力探索适应教育改革新趋势、时代变化新要求、学生成长新需要的教育教学方法。

一方面，要反思教育方法是否有成效。班主任的教育对象是一个个鲜活的个体生命，班主任的工作充满了复杂性和不确定性，同一种方法可能并不能完全有效地指导复杂多变的教育实践活动。如果进行了教育，却没有达到教育效果，可能就是方法使用存在偏差。

另一方面，除了反思教育方法是否有效，更要反思教育方法与过程是否科学、符合育人规律。班主任的一些非常行之有效的做法并不一定都是科学的，班主任要对自己不断质疑，质疑那些所谓行之有效的方法、策略是不是真的符合教育理念或者教育规律，是不是符合学生身心发展特点。

（五）反思教育效果

效果反思是指反思班主任在教育教学实践中，对所取得的成效的反思。如果取得了比较好的结果，仔细回想一下事情始末，总结积累，形成经验，推广使用，如果效果不好，思考是什么原因造成的，哪方面做得不够，或者是有偏差，以便对自己的教育行为进行及时的调整。

班主任工作是一项实践性很强的工作，对于班主任而言，其带班理念与方法不仅仅来源于书面知识，更多的是来源个人实践。班主任要想提高自己的教育效果，还必须在日常工作中进行及时反思。小到一句话，大到一件事，都要反复琢磨、思考、改进，如，"我"说哪句话的时候学生反应比较大，是不是可以转换一下语言？今天有没有处理不当的地方，是不是可以换种教育方法？等等。其实有时候反思不需要花费很长时间，闲暇时的常思考、勤总结就是一种反思。

三、新时代班主任要重视研究

新时代背景下，班主任要重新审视和定位班主任的角色，持续完善自身的教育观，更新教育理念，探索新思路和新举措，努力从"教书匠"向"研究型教师"转变，更好地做学生成长的引路人。但一提到做研究，许多班主任就会感到头疼，感觉无从下手，这是因为还没有找到做研究的方法。做研究并不一定要著书立说，班主任可以尝试从经验总结和课题研究开始，在此基础上"认真分析自己的工作特点和研究特质，找到适合自身，且有别于一般学理研究的个性化研究路径"[①]。

（一）注重经验总结

班主任善于将教育实践中的事例、做法进行梳理总结，形成自己的实践经验。我国一些优秀班主任都注重经验总结，他们将工作中遇到的问题和困惑、取得的经验和方法记录下来进行总结，如魏书生的《班主任工作手记》、李镇西《心灵写诗——李镇西班主任日记》，都是在探索适合自己和学生的特色教育方法。

经验总结的方式很多，可以从写读书笔记、教育日志、教育随笔、教育叙事、成长自传入手，记录下身边发生的教育案例，记录下自己的教育实践过程，进而梳理和整合自己的思想方法，实现经验知识的内化和升华，形成研究。

第一，善于观察和积累。班主任的经验总结一定是基于真实的教育情

---

① 迟希新. 探索适合班主任的研究路径 [J]. 新班主任，2019（5）：1.

境，离不开大量鲜活的真实素材。这些素材需要班主任在日常工作中点滴积累。班主任在平时要做个有心人，尤其注意把教育过程中发生的关键事件、典型故事及时记录下来。刚开始记录时，可以不拘泥于格式，就是一种个人的随笔记录，就是讲学生的故事、班级的故事，谈谈起因、处理过程、引导方法、教育效果、个人体会和感想等。这些记录既生动有趣，又易于撰写，是研究和创造的源泉。

（1）记录教育日志。班主任记录教育日志，最好能记录两个方面的内容：按照时间顺序以流水账的形式记录一天的工作内容，这种记录可以用表格填空的形式进行；记录在日常工作中观察到的、感受到的、别人提醒到的教育教学事件、现象。在记录教育日志的同时，还要通过现场记录、录音录像、拍摄图片、收集实物等方式，收集跟日志有关的教育实物。

（2）撰写多种形式的教育自传。首先，记录班级故事。在故事中，要写清自己的实际遭遇、困惑、解决过程的探索、自己的感悟，叩问、探寻处理这件事的价值，进而思考自己的教育生存、发展的质量。其次，撰写教育自传。在撰写教育自传的过程中，不断地自我探究，实现自我意识的培育、人格独立与精神自由。[①]

第二，不断追问和思考。班主任经验背后一定是一个或几个与此经验相关的故事。当班主任将实践中积累的教育事件、案例记录下来以后，可以认真梳理这些教育故事，并对故事中的教育对策进行深刻反思和深入分析——我为什么要采用这种教育方法，当时的我是怎么想的，背后是什么教育理念，方法符不符合育人规律，还能将此方法用到哪种类型的问题上，有没有改进的空间，等等。通过不断追问、思考、分析，形成自己的实践经验。

---

① 王立华.个性建构：班主任总结经验的实践重心[J].班主任之友（中学版），2015（10）：4—5.

第三，尝试将经验上升为理论。经验总结的过程，就是回顾、思考、反思、成长的过程，也是研究的过程。班主任在撰写和分析这些案例的过程中总结出实践经验。接下来，还要发现、揭示教育现象的本质。一方面，分析学生为什么会做出这种行为，行为背后的问题和原因是什么，找到理论和实践之间的联系，然后用理论对照教育经验，发现故事和经验背后的教育规律，依据规律将这些经验上升为理论，形成自己的实践性智慧。这样班主任不管遇到什么问题，总能找到适合的教育方法。另一方面，"找到关键事件中的共同点，由于此类事件融入了班主任的深刻体验，心理触动很大，容易引发班主任的判断、整合、修正等心理加工行为。因此，在综合分析自己提取出来的多个关键事件后，我们就能在自己的发展变化轨迹中找到自己的价值形态、思维链条、行走方式的共同点"[①]，这是班主任形成自己的理论的重点。

（二）开展课题研究

班主任的工作特点决定了其研究离不开教育实践问题，离不开自己的教育实践经验。班主任研究的课题并不局限，但最好能够针对班主任工作、班集体建设和学生教育问题有针对性地探索和研究，从小处着眼和下手。

研究日常工作。班主任可以把日常工作当作课题进行常态性的研究，以研究来解决日常工作中的问题。比如，可以研究如何开好班会课，如何开展劳动教育，如何设计系列班级活动，如何赢得家长的信任等。

例如，针对如何对每个学生提供个性化的学习帮辅问题，一位班主任提出了"个性化学习模型推荐"研究课题，分为三部分展开研究：一是学

---

① 王立华．个性建构：班主任总结经验的实践重心 [J]．班主任之友（中学版）2015（10）：4–5.

生信息收集系统的建模研究，明确要收集的学生信息的类型；二是家长参与课程设计系统的建模，研究家长参与课程设计的意义、途径、内容与实施策略；三是学生的学习记录与使用系统的建模，研究学生如何记录自己的学习情况，教师怎样收集学生的学习过程情况，教师如何分析、使用这些学习记录。①

　　这位班主任就是从班主任工作中遇到的学生的真实问题出发进行的研究。班主任可以把在日常工作中遇到的问题作为研究对象，尝试提出解决问题的思路与方法，把解决问题的思路和过程记录下来。这就是一种研究。

　　研究班级。班主任可以把班集体建设作为课题来研究，了解分析本班班情、学情，制定班级目标、成长规划，并付诸行动，形成自己独特的带班育人方略和特色的班级建设方法。班主任还可以研究班集体建设中的问题，例如，研究班集体凝聚力不强、班级阅读氛围不浓、班集体缺乏活力等问题。此外，随着信息技术的发展，班主任还可以"对云平台等新样态的深入研究，对线上的班会课、班级活动进行比较性、差异性研究，积极推动学生融入信息技术环境之中，提高学生利用云平台的能力，但要注意的是，班主任不能让信息技术'绑架'教育，开展班级生活研究仍然要遵循教育规律和学生成长规律，高质量地开展育人工作"②。

　　研究学生。每个学生都是独特的生命个体，要想真正促进每个学生的健康成长发展，必须把每个学生都当成一个课题来研究。班主任可以结合每个学生的个性特征、学习水平、思想品质、兴趣爱好、行为习惯、逻辑思维等具体情况，给每个学生确立一个符合学生个人实际的科研课题，真正实现学生成长个性指导。比如，针对行为习惯不好的学生，可以设计一个培养良好行为习惯的课题；针对学习动力不足的学生，可以设计一个激

---

① 王立华. 做研究型班主任：演绎中国岗位的美丽 [J]. 班主任，2011（2）：12–15.
② 张聪. 班级生活研究的新认识新思路 [N]. 中国教师报，2020–09–16（11）.

发学生学习内驱力的课题。

研究自身成长历程。班主任回顾自己的专业成长历程，研究自己的专业成长之路。从自担任班主任起至今大概经历的几个成长阶段入手，总结提炼自己每个阶段历经的时间、每个阶段的特点、在每个阶段影响自己的关键事件等内容，在研究自己成长历程的过程中明确自己的成长理念。这也是一种研究。

课题研究与班主任工作在本质上具有一致性。课题研究实质上是发现问题、分析研究问题、解决问题、总结经验、推广应用成果的认识实践过程。班主任工作也是一个发现问题、解决问题、总结经验、实践应用的教育实践过程。由此可见，课题研究和班主任工作并不矛盾，课题研究反而可以解决班主任工作和学生成长中遇到的难题，提高班主任专业水平，促进学生更好地成长发展。

新时代立德树人根本任务对班主任提出了角色新定位和工作职责新要求，班级的建设与管理，学生的培养与发展，家校社的沟通与协调都离不开班主任的专业能力和水平。这既对班主任工作提出了挑战，又为班主任专业发展提供了成长机遇。班主任专业发展"应是学科性与教育性、学术性与示范性、学科专业知识能力与道德教育专业知识能力的统一"①。新时代背景下，班主任要努力提升自己，做有理想信念、有道德情操、有扎实学识、有仁爱之心的"四有"好老师，用自己的专业与魅力教育引导学生健康成长和全面发展。

---

① 班华.专业化：班主任持续发展的过程 [J].人民教育，2004（Z3）：9–14.

第二节　全员育人：班主任专业发展的外在支持

　　班主任的专业发展是个体专业成长和群体共同发展的过程。班主任想要获得专业发展，仅仅依靠自身力量是不够的，还需要学校、社会等给予班主任的支持保障。因此，班主任专业发展的一个未来方向就是要建立系统完善的班主任工作支持系统，给予班主任支持和保障，形成全员、全方位、全过程育人体系，使得班主任工作顺利、有效、常态开展。这个支持系统既包括政府教育部门、各地区教育相关部门、学校等多层级的支持，也需要家长、社区以及社会等多方面力量的广泛支持与协助。

一、建立学校育人支持体系

　　根据北京教育科学研究院班主任研究中心 2015 年主持的全国班主任工作现状调查[①]和 2021 年开展的"双减"后全国班主任工作现状调查[②]，当前中小学班主任工作和专业发展面临的主要困难是班主任工作支持系统建设跟进不力，导致班主任压力过大、责任过重。造成这种现象的原因在于，尽管各地相关政策对班主任资格、职责、义务、待遇相当重视，但均缺乏对学校其他相关系统的综合规定，对"全员育人"的理论阐释多、制度措

---

① 赵福江，刘京翠．我国中小学班主任工作现状问卷调查与分析 [J]．教育科学研究，2018（11）：38–43．

② 刘京翠，赵福江．"双减"背景下中小学班主任工作现状调查与分析：基于对全国 16,166 名班主任的问卷调查 [J]．教育科学研究，2022（8）：44–52，63．

施少，学校领导、任课教师、心理咨询、卫生保健、家长组织、资源利用与班主任工作的关系缺乏有机、系统设计。建立和完善班主任工作支持系统，最为重要的是学校建立完善的、专业的育人支持体系，明确各岗位教职员工的育人责任，提高全员育人的自觉性。

（一）建立学校领导支持体系

学校领导是指在学校中负有决策责任的管理人员，包括书记、校长、副校长、德育干部、年级组长等。学校是一个复杂且动态变化的系统，要想形成一个稳定而有弹性的、与学校整体协调匹配的管理体系，一方面学校要建立党组织主导、校长负责、群团组织参与、家庭社会联动的德育工作机制，明确学校教职工的育人职责，从工作机制上给予班主任以领导支持。另一方面，学校领导应加强顶层设计，构建一套常态化的学校管理机制和教育工作开展模式。比如，在重要节点定期召开工作会议，商讨和确定近期与下阶段的工作主题，对师生中的教育问题进行梳理，明确班主任和相关教职工各自的责任，从而将日常教育管理工作落实到每个人身上，而不是都交由班主任一人处理。

同时，学校领导要建立相关落实制度，制定科学合理的评价机制和激励机制，从制度规定上为班主任提供支持和保障。班主任工作复杂而烦琐，工作内容多、时间长、压力大，有针对性且系统的研修机制，能提高班主任专业能力和水平，促使班主任获得专业成长和发展，更好地对学生进行教育引导，促进学生健康成长发展；科学合理的班主任评价和激励机制是对班主任工作的肯定与鼓励，能调动班主任的积极性，形成积极向上的工作氛围。

例如，一学校开展了两项班主任评选活动：一是开展集团"十佳班主任""优秀班主任"评比活动，评选标准除了注重班主任的师德修养、班级管理能力、教育科研能力外，还包括家校关系、师生关系以及师师关系的协调，推动班主任的全面发展。二是评选"金、银、铜牌班主任"。评选规则主要以班主任的工作年限为依据，是对任劳任怨、始终坚持在班主任工作一线的教师们的一种肯定和致敬，让班主任真切感受到被尊重和被需要。①

客观公正地考核、评价班主任的工作成效，并给予相应的激励，能更好地调动班主任的工作积极性，激发他们的工作热情，促使班主任工作形成良性循环，为学校教育教学工作创造良好的环境。

（二）建立同伴教师支持体系

学校教育实施主体包括班主任、思政课教师、任课教师、社团教师、心理教师、德育干部，以及家长等一切对学生的思想、道德、心理、行为等具有影响的人。只有全体教职工与班主任形成合力，形成同伴互助体系，教育才能取得理想的效果。

同伴教师支持体系，主要是指与本班各科教学有关的教师群体与班主任形成的班级育人共同体。学校要为班主任和科任教师提供互动交流平台，激发任课教师的育人责任感，凝聚全体教师，形成育人合力。一方面，完善副班主任制度，真正让副班主任参与班级管理和学生教育；另一方面，可以按照学段、年级、学科组等方式将全校教师和班主任划分为不同的"同伴互助组"，进行德育工作教研、班级管理研讨、突发事件解决等，形成扁平化的专业取向"管理一教研"模式②。

例如，某学校采用班级教育小组的团队管理方式。在人员组成上，班级教育小组由班主任、部分任课教师、生活教师、学生干部代表、家长代

---

① 周琳芳，姜东英.班主任专业化发展的学校支持平台构建 [J].江苏教育，2020，(79)：58–60.

② 龚杰克.建设班主任工作支持系统，落实立德树人根本任务 [J].班主任，2018 (4)：12–14.

表组成。其中，班主任任组长，部分任课教师（2—3人）、生活教师（寄宿制学校）为核心成员，班长、团支部书记（中队长）、班级家长委员会主任为小组重要成员。在办公形式上，改变过去以教研组、备课组为单位的办公形式，实行班级教育小组成员（主要指教师）集中办公的形式。同时加强教研组、备课组活动，以保证学科教师的业务交流和教学研讨活动的正常进行。在决策方式上，在班主任的主持下，由班级教育小组成员集体做出重要决策，如学期工作计划、班级各项重要工作和活动、学期工作总结等。这种方式实现了从班主任一人负责制到班级教育小组集体负责制的转变，将学校教职工纳入学校育人工作，在制度上推动了学校全员育人的落实。[①]

再如，某学校探索出了班级教师组的工作模式，即把在同一个班授课的教师划分为一个组，因为他们面对的是同样的受教育者、同样的教育问题以及同样的工作利益。每一个成员在不同的情况下有不同的工作内容。学校每周开设一课时的德育课，要求组内教师以体验式班会的方式轮流上德育课。学期初，同一小组的教师在班主任的牵头下协商统筹，围绕学校提供的"十二项"育人主题，制定本班德育课计划。这样就给任课教师提供了育人的途径、内容、方式、时间（途径为德育课，内容为"十二项"主题，方式为体验式班会，时间为一课时）。在具体实施阶段，倡导多位组内教师共同参与设计并实施一节德育课。该校把同一班级的教师划分为一个小组，这样一来，班主任和任课教师形成了一个整体，从而达到了和众聚力的目的。[②]

当然，班主任作为一个班级的组织者和协调者，也要积极与其他教师

---

① 齐学红，钱铁锋.建立班级教育小组制度：班级管理体制改革的尝试[J].班主任之友（小学版）.2008（8）：9-11.

② 王贵勇，杨晓伟.由"合"到"和"：构建班主任工作支持系统的三点做法[J].天津教育，2017（Z3）：86.

沟通协调，凝聚教师，形成育人合力。比如，主动分享并探讨班级管理和学生教育中的心得体会，用自身力量感染带动其他教师的育人乐趣；邀请任课教师以"副班主任"或"中队辅导员"身份体验班级管理氛围；邀请学生健康支持体系的专业教师为学生讲授生理、心理等专业知识并解决专业问题；积极寻求组内教师的支持，与同伴互助组内的教师共同研讨《道德与法治》《思想政治》等德育课程，研讨近期班级内出现的问题和困惑等。

（三）建立心理健康支持体系

随着时代的进步、网络的普及，学生的心理健康问题也出现各种新情况与新特点。在实际教育教学过程中，班主任会经常遇到有心理问题的学生，这时候班主任会凭借自己的工作经验，运用一些常用的心理辅导方法去解决。然而，班主任并不是专业的心理辅导教师，面对学生较为严重的心理问题时，班主任必须向学校的心理健康教育工作者求助，才能更加专业地对学生进行心理疏导。

第一，学校要加强心理辅导室建设，配备专、兼职心理健康教育教师，负责协助班主任共同做好出现心理问题以及青春期常见问题学生的教育工作，切实发挥心理辅导室在预防和解决学生心理行为问题中的重要作用。同时，加强心理健康教育师资队伍建设，建立一支科学化、专业化的、稳定的中小学心理健康教育教师队伍。班主任和其他教师应积极参加中小学生心理学常识和心理健康辅导相应内容培训，掌握基本的心理学常识和心理健康辅导方法。

第二，学校平时要注重将心理健康教育始终贯穿于教育教学全过程，将心理健康教育与班主任工作、班团队活动、校园文体活动、社会实践活动等有机结合，最大限度预防学生健康问题的产生。同时，充分利用家长、社区等校外教育资源开展学生心理健康教育。学校还要加强与基层群众性自治组织、企事业单位、社会团体、公共文化机构、街道社区以及青少校外活动场所等的联系和合作，组织开展各种有益于中小学生身心健康的文体娱乐活动和心理素质拓展活动，拓宽心理健康教育的途径。

（四）建立卫生保健支持体系

目前，我国学校卫生工作普遍缺乏完善的卫生保健室和有资质的卫生保健人员，校医由非专业人员担任，往往不能给学生及时治疗或健康指导，这是一个非常令人担忧的问题。

面对这种情况，一方面，学校应建立健全卫生保健室，配备专业卫生保健教师，负责协助班主任共同做好出现青春期正常生理问题或轻微受伤学生的常规卫生处理和保健教育工作。同时，加强卫生保健教师队伍建设，有条件的学校可以开发和应用优质急救技能教育培训课程资源，培养高素质、专业化的中小学卫生保健人员，为学校的卫生健康工作服务。

另一方面，班主任和其他教师应全员参加青少年生理卫生常识培训，掌握基本的生理卫生常识和简单的急救方法。学校可以针对教师开展卫生保健方面的培训，邀请医院、社区卫生院、卫生防疫部门的专业人员来学校开展卫生保健方面的专题讲座，或者在专业人员指导下在校内组织一些与学校卫生保健工作相关的能力展示活动，帮助教师尤其是班主任掌握必要的卫生知识，如止血、心肺复苏等急救知识和措施，提高教师在卫生保健工作方面的知识水平和能力。

此外，学校应将健康教育与德育、智育、体育、美育、劳动教育相结合，融入教育教学、管理服务全过程，发挥学校卫生专业技术人员、体育与健康课教师和教职工等全员育人作用，构建面向人人、人人有责的健康教育体系。

（五）建立家校合作支持体系

家长是构成完整教育的重要因素之一，在现代教育制度中，家长组织是学校教育体系中不可或缺的重要组成部分。学校要充分认识家校协同育人的重要意义，既调动家长充分参与学校教育，又指导家庭教育，促使家庭与学校形成教育合力，共同促进学生全面、健康、和谐发展。

首先，学校应建立和完善家长委员会组织，每学年建立新的校级、班级家长委员会，通过建言献策、监督评议、沟通协调，协同共建家校共育工作机制。一方面，建立和完善由学校所在社区成员参加的家长教师协会（学校家长委员会），明确家长教师协会的职责和功能，协助学校落实教学工作计划，推动学校各项工作的开展。另一方面，建立和完善班级家长委员会，在学校家长教师协会领导、班主任指导下开展工作，使之成为班级教育和管理工作的重要支持组织。全国班主任工作现状调研显示，虽然有85.0%的学校依据教育部文件建立了家委会组织，但多数流于形式；在班级层面建有家委会组织的学校很少（27.4%）；即使建立了家委会组织的班级，其组织也很不完善，功能难以发挥。[①] 为避免应付要求、流于形式，学校和班主任要将家长委员会纳入学校日常管理，制定家长委员会章程，组织开展形式多样的家庭教育指导服务和实践活动，引导广大家长积极、有序、规范地参与学校教育教学与管理，真正发挥好家委会组织的功能和力量。

其次，建立家长志愿者、家长义工制度，鼓励家长以志愿者身份积极参与学校课程建设、社会实践体验等教育活动。设立学校开放日，通过各种形式，使家长参与学校的各项活动中，提高家长在学校治理中的参与度。

此外，学校还可以建立校级家长学校，或协助班主任建立班级层面家长学校，为家长提供家庭教育指导。学校每学期应至少组织2次家庭教育指导服务活动，做到有制度、有计划、有师资、有活动、有评估。

---

① 耿申. 我国中小学班主任工作现状及对策 [J]. 教育科学研究，2018（11）：44–50.

在开展日常工作时，班主任也要充分利用好学校、班级两级家长委员会，创新家长会和家访形式，尽可能调动家长积极性，借助家长资源，开发校外教育资源，丰富学生的学习生活。同时，班主任也要扮演好家庭教育指导者角色。班主任和家长是一种双向互动关系，并不是孩子在这个班里读书，家长就要无条件地支持班主任工作。班主任需要在工作中研究家校沟通的新思路、新方法，帮助、引导家长做好家庭教育，形成教育合力。

（六）建立专业研修支持体系

不论何时，师资队伍建设都是一所学校得以持续发展的基础和关键，而培训研修是提高教师队伍思想政治素养和德育工作水平的有效途径。学校要建立校本研修制度，促使班主任教师在培训研修中不断提升育人能力，实现专业发展。

目前，我国教师教育中缺乏系统的班主任专业课程，导致新入职教师担任班主任缺乏"班级管理技能"；而非师范毕业生通过教师资格考试进入学校，更是普遍缺乏班主任最基本的知识和技能。在这种情况下，学校应将班主任职前培训纳入校本培训体系，严格实行"先培训后上岗"制度。同时采用同伴互助、师带徒等多种方式和形式提高初任班主任的工作能力。

对于在岗班主任，学校要加强针对性、系统性、多元化班主任职后培训。学校可以邀请专家做报告、优秀班主任经验总结交流，专题研讨，有条件的学校还可以建立班主任"工作室""工作坊"，加强在岗培训和研修，提高班主任的政治素质、业务素质、心理素质和研究能力。

在岗前和在岗班主任培训研修中，学校要结合班主任的年龄层次、学历水平、实际工作的优势和不足，制定不同的培养与研修方式。同时，结合每位班主任的特点，挖掘他们的长处，为他们量身打造发展规划，让每位班主任都有非常明确的发展目标和前进方向。

例如，针对不同群体需求的差异，按照"新手班主任—成熟型班主任—名优专家型班主任"进行梯级培养：一是以新手班主任专业培训为主的"青蓝工程"。重点观照任职1—5年的班主任群体，通过基本素养提升、班级管理技能答疑、家校沟通技巧探讨、教育阅读和写作等"基底"培训，促进班主任尽快适应自身角色。二是以成熟型班主任专业培养为主的"蔚蓝工程"。培训对象为班级管理经验相对成熟且处于自主成长期的班主任群体，重点关注其管理、育人等能力的改进和提升，通过系列定向培训帮助他们突破成长的瓶颈，梳理工作经验，进一步明确专业发展方向。三是以名优专家型班主任专业培育为主的"深蓝工程"。培训对象为市区级优秀班主任、名班主任，重点关注名优群体专业素养的提升和教育研究能力的培育，通过压担子、引路子、架梯子、搭台子等措施，一方面督促他们积极发挥传、帮、带的作用，另一方面通过引领他人推动自己不断向前。[①]

此外，学校要为班主任搭建科研平台，强化教师的科研意识，提高科研能力。鼓励班主任在日常教育教学中及时发现问题、总结反思，对一些难点、热点问题积极主动开展研究，探索新时期教育工作特点和规律，以研促行。

（七）建立资源利用支持体系

学校要充分挖掘、利用教育资源，为班主任工作提供资源支持和保障。同时，班主任也要在日常教育中发现新的教育资源，创造条件，更好地保障学生健康成长。

学校要在校内基础设施、馆藏书目、报纸杂志、教学设备等方面给予班主任支持保障。学校应丰富图书馆馆藏书目，为班主任丰富自身知识、

---

① 杨雪梅.绘好专业发展的"规划图"[N].中国教师报，2020–04–08（11）.

提升业务能力提供有力支持。经典的教育理论书籍、每月出版的班主任实用刊物和丰富的儿童教育资源，都是班主任汲取丰富教育经验、提升自身能力的资源。学校要具备完备的教学设备，如学校广播、电子投影、班级书架、板报展板等，为班主任开展时事政治教育、传统文化教育、民族团结教育、阅读交流分享等搭建助力平台。

学校要建立完善内部各类组织，支持建立学校党组织、共青团、少先队、学生会等，使其成为班主任发挥育人作用的资源。学校要支持班主任邀请学校党组织的优秀教师到班级讲队课、团课，充分发挥党员教师在教书育人中的模范作用。在学校共青团、少先队、学生会工作中，协调、支持、保障班主任依据学生特点和任务开展健康有益的教育活动。

学校要积极建立与周边社区、企事业单位的合作机制，促进社会共育。学校应协助班主任与所在社区、村镇建立联系，例如，以团组织或少先队中队的形式与社区居委会"结对"，形成互助小组，积极开展志愿服务工作；主动协调宣传、综治、公安、司法、民政、文化、共青团、妇联、关工委、卫计委等机构及企事业单位，为班主任带领学生了解社会、参加社会实践等活动提供条件，搭建社会育人平台。

二、建立学校外部保障体系

学校在建立完善的、专业的育人支持体系基础上，还要通过多种方式获取来自教育政策、教育理论、社会力量等方面的支持，从学校内部和外部两个层面支持、保障班主任工作与学校德育工作健康、规范、有序地稳步推进，从而更好地落实立德树人根本任务，实现学生健康成长和全面发展。

（一）加强班主任理论研究

班主任研究是教育科学研究的重要组成部分作用，进入新时代，推动班主任专业发展，必须要加强理论研究。

第一，加强对班主任工作的理论研究。没有经验的理论是空洞的理论，没有理论的经验是片面的经验。因此，一方面，教育理论工作者要积极进行研究，为班主任工作提供理论引领。同时，对学术研究成果进行推广和应用，引导班主任学习并实践。另一方面，随着研究型班主任的提出，学校对一线教师科研工作的重视，教育实践者（班主任、一线教师等）也要注重经验总结，丰富教育理论体系。中小学班主任等一线教师比大学教师、理论研究者更能近距离接触到学生，拥有第一手资源和丰富的实践经历。

第二，加强对班主任群体的理论研究。各级教育行政部门、教育研究机构等，要进一步探索加强班主任队伍建设的方式方法，推动在职称评定、培训研修、工资绩效、荣誉表彰等方面给予支持保障，促进班主任个人成长与专业发展。

（二）健全班主任荣誉体系

完善的荣誉体系有利于调动班主任的积极性、主动性和创造性。进入新时代，各地要继续探索、建立班主任表彰制度，健全优秀班主任表彰荣誉体系。例如，北京市自1988年起每年开展一次"紫禁杯"优秀班主任评选，自2013年起每年开展一次"学生喜爱的班主任"评选；上海市自2012年起每两年开展一次市级优秀班主任的评选……。这些表彰制度能够很好地增强班主任的成就感、荣誉感和幸福感，让班主任感受到被关注、被关怀，从而更加积极、主动地投身于教育事业。

（三）完善班主任培训研修

班主任培训是促进班主任专业发展的重要途径。教育行政部门应制定班主任培养培训规划，有组织地开展班主任岗位培训。

为实现班主任培训的全覆盖，并有针对性地实施培训，要建设多层次、多形式的班主任培训网络制度。从区域划分，建立市—区—校三级班主任培训制度，实施分级组织、各负其责；从岗位职级划分，建立新任—在岗—骨干班主任梯队培养模式，有针对性地对各层次的班主任实施培训。目前，一些省市在政策和实践中已经推行班主任多层次培训的模式，今后将更为完善。

针对培训缺乏针对性和有效性等问题，要进一步完善培训内容和方式。多途径了解班主任的培训需求，在班级建设、学生发展指导、协同育人三大班主任核心素养基础上，制定切合班主任需求的培训课程，体系化地对班主任开展培养工作，促进班主任更好、更快地专业成长。

（四）做好班主任经费保障

加大班主任经费保障，既能够吸引更多教师从事班主任工作，又为班主任做好本职工作并实现专业发展提供坚强保障。

第一，加大班主任经费支持力度。各级教育行政部门要加大投入力度，设立专项经费，完善资助体系，保障班主任研究、培训研修、荣誉表彰体系建设。一方面，要探索建立多元化、多渠道、多层次的投入体系，鼓励社会资金通过捐赠、设立专项基金等方式支持班主任工作。另一方面，要优化科研经费管理，提高使用效益，在有些方面给予重点支持。

第二，提高班主任待遇保障。长期以来，班主任工作责任重、压力大，为鼓励更多优秀教师加入班主任队伍，鼓励优秀班主任长期坚守岗位，各地要不断完善政策，制定具体措施，提高班主任工资待遇。一方面，进一步完善绩效工资分配机制。例如，有的地方明确了班主任津贴项目标准，有的地方对班主任采取了折算工作量的方法，有的地方和学校在发放班主任津贴的基础上，对工作表现突出的优秀班主任，还在奖励性绩效工资中进一步给予倾斜。另一方面，在职称评审上进一步向班主任倾斜，可以在正高级中小学教师职称评审中充分考虑与班主任工作相关的业绩成果，可以探索建立班主任职称评审通道等。例如，北京市在 2020 年打通班主任专业领域专业提升通道，健全并完善了市级骨干班主任评选机制，待遇与市级学科骨干教师看齐。

（五）加强班主任正面宣传

要让班主任在工作岗位上感受到"被需要"，感受到"有方向"，加强对班主任的正面宣传就极为必要。

第一，各教育行政部门要进一步加大对班主任职业、班主任爱岗敬业以及优秀班主任典型经验的系统总结和宣传推广，既可以树立榜样、弘扬正气，营造全社会共同关注、支持班主任工作的良好氛围，激发班主任的职业自豪感，提高班主任工作的积极性，又可以发挥优秀班主任的示范引领作用，促进班主任队伍的整体发展。

第二，倡导各类媒体在重要节日和重要时段（如教师节、儿童节、升学考试、招生等）宣传优秀班主任事迹，营造全社会共同关注、支持班主任工作的良好氛围。鼓励教育专业媒体及大型门户网站开设旨在正面宣传班主任的专刊、专栏、专页，形成树立榜样、弘扬正气以及交流班主任工作经验的网络平台。①

加强班主任宣传推广，对于弘扬班主任工作中的正能量，营造良好社会舆论氛围，增强社会对班主任工作的认同与支持有很好的推动作用，从

---

① 耿申 . 我国中小学班主任工作现状及对策 [J]. 教育科学研究，2018（11）：44–50.

而促使班主任付出有回报、努力有方向。

随着基础教育改革的发展，特别是高中阶段课程改革的深入推进，一些学校（当前主要集中在高中阶段）开始探索以"走班制"为代表的各种新的教学组织方式；2021年"双减"政策的实施，重新强化学校的主阵地作用。这些变化既给新时期中小学班主任工作带来新的挑战，也为全面贯彻立德树人根本任务带来新的机遇。以全面育人为目标的中小学班主任工作的重要性越来越凸显。可见，为中小学班主任工作营造系统的支持保障环境，是当前极为迫切的工作。

班主任专业发展既是落实立德树人根本任务的迫切要求，也是未来班级发展和学生发展的需要，更是促使个人成长和实现个人价值的需求。班主任的专业发展是一个持续发展、不断生成的动态过程。在这个发展过程中，班主任需要整合内在动力和外部支持两大系统的力量。但需要指出的是，班主任专业发展的关键是个体的专业自觉与自我成长。众多班主任成长实践案例表明，优秀班主任一般具有明确的职业发展目标、强烈的进取精神、顽强的意志品质，而这些优秀特质正是在自主发展意识的驱动下形成的，也正是凭着对优秀班主任的向往和超越平凡的追求，他们才会不断进取、不断超越，最终取得成功。[①] 随着教育改革的推进，班主任的外部支持系统将会逐步建立并完善，这时候班主任的专业发展程度越来越多地取决于班主任自主发展意识。因此，班主任要始终坚持专业发展意识，怀揣一份教育情怀，不断学习、反思、研究，做学生锤炼品格的引路人，做学生学习知识的引路人，做学生创新思维的引路人，做学生奉献祖国的引路人。

---

① 北京市教育委员会基础教育一处，北京市教育学会班主任工作研究会，班主任杂志社．优秀班主任的专业成长轨迹及实践探索 [M]．北京：金城出版社，2015：35.

参考文献

[1]　陈宇.班级文化建设目标管理的思考 [J].班主任，2020（4）：25–28.

[2]　刘丙元，姬茂民.班级组织建设中的文化设计 [J].教学与管理，2020，（24）：58–62.

[3]　刘宗峰.围绕同一主题，多层次丰富设计内容 [J].班主任，2019（3）：55.

[4]　马婷.顺势而为，以智取智 [J].班主任，2020（2）：55–57.

[5]　王青生.完美成人礼攻略 [J].班主任，2019（3）：54–55.

[6]　王薇.班主任开展学生综合素质评价的理论探讨与实践经验 [J].北京市小学生综合素质评价典型案例集，北京出版社，2011.

[7]　吴志强：围绕班本文化，分步开展活动 [J].班主任，2019（3）：58.

[8]　谢楚楚.精心"烹制"起始年级班级活动的"三道菜" [J].班主任，2018（9）：45–46.

[9]　杨素芳.传递"温"度：小学生友善教育主题班会 [J].班主任，2019（3）：39–42.

[10]　赵福江，师婧璇.新时代理想班级建设的实践路径 [J].中国教育学刊，2023（3）：51–56.

后　记

《新时代中小学班主任工作指导手册》是北京教育科学研究院班主任研究中心近年来关于班主任专业素养研究的阶段性成果。班主任研究中心主任赵福江担任课题主持人，耿申为本书框架结构等方面提供了全面指导和建议。北京教育科学研究院班主任研究中心研究人员耿申、赵福江、刘京翠、龚杰克、王薇、杨丙涛、李秀萍、李月、师婧璇等参与撰写工作，耿申、赵福江、刘京翠、龚杰克、王薇对本书进行二次修改，赵福江进行最后统稿。

本书在前期研究和书稿撰写过程中，得到教育部基础教育司的悉心指导与大力支持。教育科学出版社十分关注班主任队伍建设，十分重视本书出版工作，池春燕、闫景等同志多次对书稿结构、体例、内容等提出宝贵意见，对本书出版给予极大支持。在此一并表示感谢！

面向新时代、对标新形势，班主任在提高工作质量，提高班级建设能力、学生指导能力、沟通协调能力等专业素养方面还需不断探索、不断完善。本书的研究仅仅是一个开始、一个方向，仅为广大中小学班主任的教育实践提供些许灵感和思路。本书肯定还存在许多有待进一步研究的不足之处，欢迎广大读者尤其是班主任工作研究人员、广大中小学班主任提出宝贵意见，以利于《新时代中小学班主任工作指导手册》日臻完善，为广大中小学班主任工作提供更加翔实、更贴近一线、更有利于实践的指导用书。